İLMİHAL
HANDBUCH ISLAMISCHER RELIGIONSPRAXIS

Seyfettin YAZICI

ditibverlag

بسم الله الرحمن الرحيم

TÜRKISCH-ISLAMISCHE UNION DER ANSTALT FÜR RELIGION e.V.
DİYANET İŞLERİ TÜRK İSLAM BİRLİĞİ

ditibverlag

Subbelrather Str. 17, 50823 Köln
Telefon + 49 (0) 221 99 222 60
Telefax +49 (0) 221 99 222 639
redaktion@ditib-verlag.de | www.ditib-verlag.de

ISBN: 978-3-9813419-5-9

Originaltitel: Açıklamalı İbadet Rehberi – Resimlerle Abdest ve Namaz, TDV Ankara 2007.
Autor: Seyfettin Yazıcı
Übersetzung aus dem Türkischen: Ayşe İlter
Realisation: DITIB Publikationen
Design/Layout: DITIB VERLAG

Abkürzungsverzeichnis

(a.s.): ´aleyhi s-selâm: „Allahs Friede sei auf ihm." Segenswunsch für Propheten
(s): sallallâhu ´aleyhi we-sellem: „Allahs Friede und Segen seien auf ihm". Segenswunsch ausschließlich für den Propheten Muhammed

Vorwort

Unser Dank gilt Allah, dem Erbarmer, dem Barmherzigen, der uns geschaffen hat und uns über unseren Propheten Muhammed (sav) den Koran als Offenbarung schenkte.

Neben dem Koran und der Sunna, den Aussprüchen und Handlungen unseres Propheten (sav), blickt der Islam auf eine reiche Gelehrtentradition zurück, die sich im Kern mit der Frage beschäftigt: Was will Allah dem Menschen mitteilen und was soll der Mensch tun?

Religiöses Wissen zu erwerben ist eine Pflicht für jeden Muslim, doch nicht jedem ist es möglich, aus den Quellen des Islam das Wissen abzuleiten, das ihm im Alltag hilft. Auch ist es nicht immer möglich, einen Gelehrten zu Rate zu ziehen. Und so haben sich im Laufe der Jahrhunderte in der islamischen Tradition Handbücher ausgebildet, die in Kürze das Wissen vermitteln, das dem Muslim im Sinne seiner Religion Handlungshilfen an die Hand gibt. Zum Wissen, das von einem sogenannten Ilmihal vermittelt wird, gehört auch und vor allem die Praxis gottesdienstlicher Handlungen.

Die als Ilmihal bekannten Handbücher sind stille Bestseller. Neben dem Koran haben sie in fast jedem muslimischen Haus einen festen Platz im Bücherregal. Das ist nicht verwunderlich, denn sie sind praxisorientierte Nachschlagewerke, wenn man schnellen Rat sucht. Dabei macht das Ilmihal kenntlich, an welcher Rechtsschule es sich orientiert. Zuweilen werden Entscheidungen mehrerer Rechtsschulen nebeneinander genannt. So sind beispielsweise Ilmihals, die (wie im türkischen Kulturraum) neben den hanafitischen auch andere anerkannte Auffassungen aufführen, nichts Ungewöhnliches, ja sogar üblich.

Vor allem für junge Menschen, Neu-Muslime oder solche, die nicht die Möglichkeit hatten, eine umfassende religiöse Bildung zu erfahren, ist das Ilmihal ein praktisches Nachschlagewerk. So besteht auch im deutschsprachigen Raum ein erhöhter Bedarf für ein solches Handbuch.

Die hier vorliegende Arbeit ist eine Zusammenfassung des türkischsprachigen Handbuchs für die religiöse Praxis (Açıklamalı

İbadet Rehberi) von Seyfettin Yazıcı, ehemaliges Mitglied der Fetwa-Kommission des türkischen Präsidiums für Religionsangelegenheiten (Diyanet İşleri Başklanlığı).

Als DITIB-Verlag freuen wir uns, hiermit eine sprachlich überarbeitete Auflage dieses Buches anbieten zu können.

Erst durch Allahs Hilfe werden unsere Bemühungen – und sie gelten rein Seinem Wohlgefallen – erfolgreich sein. Allah dienen wir und Ihn bitten wir um Hilfe.

DITIB-Akademie
Januar 2016

Einführung

Religiöse Praxis und der Gottesdienst

Der Mensch besteht aus Körper und Seele. So, wie unser Körper ernährt werden muss, so muss auch unsere Seele ernährt werden und ihren Frieden, ihre Ruhe finden. Die wichtigste Nahrung der Seele ist der aufrichtige Glaube und der Gottesdienst. Die Gottesdienste dienen der Stärkung unseres Glaubens und der ethischen Erziehung. Der Mensch, erschaffen als Wesen mit Verstand und außergewöhnlichen Fertigkeiten, hat eine besondere Stellung im Universum und dient einem höheren Zweck.

Den tieferen Sinn unseres Seins auf Erden teilt uns Allah im Koran mit:

„Und ich schuf die Dschinn und den Menschen nur, damit sie Mir dienen.“ [1]

Der eigentliche Grund seiner Schöpfung liegt also hierin: Er, der Mensch, soll Allah, seinen Schöpfer, erfahren, Ihn kennen, erkennen und Ihm schließlich dienen. Er ist demnach kein Geschöpf, das eine Weile existiert und dann einfach wieder von der Bildfläche verschwindet. Vielmehr ist er ein würdevolles, ehrenwertes Geschöpf, das sich hier auf Erden bemüht für das nächste, das ewige Leben. Der Mensch ist ein Reisender auf dem Weg in die Welt des Ewigen. Er wird nur eine Weile hier Halt machen, dann aber wieder weiter ziehen auf seinem Weg zum eigentlichen Ziel. So beschrieb es seinerzeit auch unser geliebter Prophet Muhammed (s):

„Ich bin auf Erden wie ein Reisender, der sich kurz im Schatten eines Baums ausruht und dann weiterzieht.“ [2]

Das wertvollste Kapital des Menschen ist dabei seine Zeit. Verlorene Zeit kann keiner von uns mehr zurückholen. Unsere Zeit für das kurze und vergängliche Erdenleben müssen wir daher alle gut zu nutzen wissen. Ganz wie uns unser Prophet Muhammed (s) einst sagte:

---

1 Koran, 51/Dâriyât; 56.
2 Riyâdu s-Sâlihîn, Bd. 1, S. 515.

„Wisset fünf Dinge zu schätzen, bevor fünf andere Dinge euch einholen: Das Leben vor dem Tod. Die Gesundheit, bevor euch eine Krankheit heimsucht. Die freie Zeit, bevor ihr dann stark beschäftigt seid. Die Jugend, bevor das Alter euch einholt und den Reichtum, bevor euch die Armut trifft.“ [3]

Wir sind gehalten, in dieser Zeit Allah so zu dienen, wie es dem Sinn und Zweck unserer Schöpfung entspricht wir sind gehalten diese Prüfung auf Erden zu bestehen und uns so auf das ewige Leben vorzubereiten.

Das Herz desjenigen, der seine Gottesdienste nicht auslässt, sie fortwährend verrichtet, ist erfüllt vom Glauben und in ihm sind die Ehrfurcht vor Allah und Verantwortungsbewusstsein fest verwurzelt. Durch Gottesdienste wird unser Inneres von schlechten Gedanken und unser Äußeres vom Schmutz unserer Verfehlungen gereinigt.

Der Gottesdienst ist der schönste Weg, auf dem sich der Gläubige Allah nähern kann. Ein Unterschlupf, der ihn vor Leid und Übel schützt. Menschen, die geplagt sind von den Sorgen und den Nöten des irdischen Lebens, die hier verzweifeln und ihre Hoffnung verlieren, flüchten sich mit ihren Gottesdiensten in die Barmherzigkeit Allahs und gelangen hierdurch zu Seelenfrieden.

Als *Gottesdienst* (arabisch: *ʹibâde*, türkisch: *ibadet*) werden islamisch-religiöse Praktiken bezeichnet. Es können sowohl religiös motivierte soziale Handlungen sein, als auch ein Gottesdienst im engeren Sinne. Der Begriff „Gottesdienst“ wird wegen seiner heutigen eingeschränkten Sinnverwendung, nämlich „meist im geschlossenen Raume stattfindender Kultus Gottes durch die Gemeinde“[4] von muslimischen Autoren meistens vermieden. Jedoch gibt er in seiner etymologischen Bedeutung den Sinn des Wortes *ʹibâde* erstaunlich exakt wieder: „für jmdn. etwas tun, ihm helfen, abhängig sein“[5] Bei der *ibade* handelt es sich nicht nur um das Ritualgebet in der Moschee, sondern es umfasst alle Handlungen, die aus dem Glauben heraus im Alltag verrichtet werden, d.h. für Gott getan werden.[6]

3 Hakim, Mustedrek, 7846.
4 http://www.dwds.de/?qu=Gottesdienst
5 http://www.dwds.de/?qu=Dienst&submit_button=Suche&view=1
6 Vergl. Koran, 51/Dâriyât; 56 „Und ich habe die Dschinn und Menschen nur dazu geschaffen, dass sie mir dienen.“

In diesen Handlungen zollen wir dem erhabenen Allah Respekt, der uns aus dem Nichts erschaffen hat. Er bereichert uns mit Seinen unbegrenzten Gaben und nährt uns fortwährend. Dabei sind diese Gottesdienste einerseits Dank für Allahs unbegrenzte Gaben, andererseits ist es der Versuch, Ihm durch den Gottesdienst gerecht zu werden.

Der Gottesdienst wird nur durchgeführt, um die Gebote und den Willen Allahs zu erfüllen. Dabei bezweifeln wir nicht die überaus große Weisheit, die den Geboten unseres Herrn zugrunde liegt.

Der Wert eines Muslims vor dem Thron Allahs wird an seinen Handlungen bemessen. Sie umfassen die von ihm verrichteten Gottesdienste, als auch sein soziales Verhalten und seine Taten in der Gesellschaft.

Denjenigen, die ihren rituellen Diensten an Allah trotz Seiner unermesslichen Güte nicht nachkommen, gilt der folgende Vers im Koran:

„Sag: ‚Mein Herr würde euch nicht beachten, wäre nicht euer Bittgebet.“ [7]

Formen des Gottesdienstes

Es gibt drei Formen des Gottesdienstes:

1. Gottesdienste mit dem Körper, wie *das Ritualgebet* (arabisch: *salâh,* türkisch: *namaz*) und das Fasten (arabisch: *sawm,* türkisch: *oruç*).
2. Gottesdienste, die unter Einsatz des Besitzes, wie das Entrichten der Zekât, der Sozialabgabe.
3. Gottesdienste mit dem Körper unter Einsatz des Besitzes, wie die Pilgerfahrt nach Mekka, der Hadsch.

Religionsmündigkeit / Mukellef

Mukellef (deutsch: *religionsmündig*, türkisch: *mükellef*) bezeichnet den religionsmündigen Menschen. Ein gesunder Mensch, der seine Pubertät und damit seine körperliche und seelische Reife erreicht hat, ist nun verpflichtet, die religiösen Gebote einzuhalten und somit die Gottesdienste zu praktizieren; Er ist somit religionsmündig.[8]

7 Koran, 25/Furqân; 77

8 (Anm. des Herausgebers) Religionsmündigkeit bezeichnet im deutschen Kontext das Recht eines Kindes bzw. eines Jugendlichen, nach der Erreichung eines bestimmten Lebensalters selbst über seine Religionszugehörigkeit zu entscheiden. Dies wird allgemein mit der Vollendung des 14. Lebensalters erworben, welches auch im Islam etwa das Alter ist, in dem die Jugendlichen zu religiösen Handlungen verpflichtet werden. Daher kann der Begriff religionsmündig ohne weiteres für mukellef verwendet werden.

Der *Mukellef* ist verantwortlich, sich an die Gebote der Religion zu halten und sich vom islamisch Verbotenen abzuwenden. Die intellektuelle Reife, also die Verstandesbegabung und das Erreichen der Pubertät sind die Bedingungen für die religiöse Verpflichtung. Kinder in vorpubertärem Alter gehören daher nicht zu dieser Gruppe.

Die Klassifizierung der Handlungen eines Religionsmündigen
(arabisch: *ef'âlu l-mukellefîn*, türkisch: *ef'âl-i mükellefîn*)

Die Handlungen der Religionsmündigen werden in acht Gruppen unterteilt, die so genannten ef'âlu l-mukellefîn:

1. Fard

(deutsch: *definitive Pflicht*, türkisch: *farz*)

Die kategorisch/definitiv vorgeschriebenen Gebote des Islam, werden als *fard* bezeichnet, im Folgenden auch nur „Fard-Pflicht" oder „Fard" genannt. Zu diesen Pflichten gehört z.B. das Verrichten des rituellen Gebets, das Fasten im Ramadan und das Entrichten der Zekât. Die Fard-Pflichten werden in zwei Gruppen unterteilt:

a) *Fard ayn* (deutsch: *die Individual-Pflicht,* türkisch: *farz-ı ayn*) bezeichnet eine Pflicht, die jeder Einzelne individuell für sich selbst erfüllen muss. Hierzu gehören z.B. das Verrichten des Gebets oder das Fasten im Monat Ramadan.
b) *Fard kifâye (*deutsch*: die Kollektivpflicht, türkisch: farz-ı kifâye*) wird erfüllt, wenn einige aus der Gemeinde sie für die ganze Gemeinde ausführen. Das Verrichten des Totengebets ist z.B. eine solche Kollektivpflicht.

2. Wâdschib

(deutsch: *notwendige Pflicht*, türkisch: *vâcip*)

Ein religiöses Gebot, das von beweiskräftigen Aussagen in den Quellen abgeleitet wird, ist *wâdschib*, d.h. notwendig, eine notwendige Pflicht. Ihre Beweisführung ist nicht so eindeutig, wie bei den *definitiven Fard-Pflichten*. Auf diese *Wadschib-Pflichten* wird im Koran hingewiesen. Hierzu zählen z.B. das Verrichten des Festtagsgebets, die *Fitra-Abgabe*[9] oder das Darbringen eines Opfertieres.[10]

---

9 Siehe Kapitel über Fitra-Abgabe.
10 (Anm. des Herausgebers)Diese Unterscheidung in der Form kennt nur die hanafitische Schule.

3. Sunna

(deutsch: *Rituelle Handlungen des Propheten Muhammed (s)*, türkisch: *Sünnet*)

Rituelle Handlungen des Propheten Muhammed (s), die nicht zu den Fard- oder Wâdschib-Pflichten zählen, werden Sunna genannt. Die Sunna umfasst die Gesamtheit der Prophetentradition und unterteilt sich in zwei Gruppen:

a) *sunna mu'ekkede* (deutsch: *bekräftigte Sunna*, türkisch: *sünnet-i müekkede*) nennt man die Rituale unseres Propheten, denen er fast immer nachgegangen ist und die er selten vernachlässigt hat. So zum Beispiel das Verrichten von zusätzlichen Gebetsabschnitten wie die Sunna-Gebete zum Ritualgebet

b) *sunna ghayr mu'ekkede* (deutsch: *nicht bekräftigte Sunna*, türkisch: *sünnet-i ğayri müekkede*) nennt man die Rituale, die unser Prophet hin und wieder ausgeübt hat. Einige zusätzliche Gebetsabschnitte oder der Sunna-Abschnitt des Nachmittagsgebets und des Nachtgebets etwa zählen hierzu.

4. Mustehâb

(deutsch: *wünschenswert*, türkisch: *müstehâp*)

Rituelle Handlungen, die unser Prophet manchmal ausgeübt und ein anderes Mal unterlassen hat, werden als wünschenswerte Handlungen eingestuft. Dazu zählt z.B. das Verrichten des freiwilligen Duhâ-Gebets (Ein Gebet nach mindestens einer Stunde nach Sonnenaufgang).

5. Mubâh

(deutsch: *freigestellt*, türkisch: *mübâh*)

Es gibt auch Handlungen, die dem *mukellef* freigestellt sind, d.h. die zu tun oder zu unterlassen ganz seinem Ermessen überlassen, religionsrechtlich neutral sind. Dazu zählen z. B. das Sitzen, Spazierengehen oder das Schlafen.

6. Harâm

(deutsch: *verboten*, türkisch: *harâm*)

Handlungen, die im Islam strikt verboten sind, nennt man *harâm*. Diebstahl, Mord, Alkoholgenuss, Glücksspiel, Verzehr von Schweinefleisch usw. sind einige Beispiele hierfür.

7. Mekrûh

(deutsch: *verpönt/verwerflich*, türkisch: *mekrûh*)

Obwohl nicht strikt verboten wie in der *harâm*-Kategorie, werden manche Handlungen dennoch als „verpönt“ abgelehnt. Auch die verpönte Handlung kennt dabei zwei Abstufungen:

a) *tahrîmen mekrûh* (deutsch: *dem Verbotenen naheliegende verpönte Handlung*, türkisch: *tahrîmen mekrûh*)

Das Unterlassen der *Wâdschib-Pflichten* z.B. ist eine solche dem

Verbotenen nahe verpönte Handlung.

b) *tenzîhen mekrûh* (deustch*: dem Erlaubten naheliegende verpönte Handlung*, türkisch: *tenzîhen mekruh*)

Das Unterlassen einer Sunna oder wünschenswerten Handlung ist z.B. eine solche Handlung, die zwar erlaubt aber verpönt ist.

8. Mufsid

(deutsch: *verderblich*, *ungültig machend*, türkisch: *müfsit*)

Taten, die angefangene gottesdienstliche Handlungen ungültig machen, gelten als verderblich. Dazu zählt z. B. das Reden während des Gebets oder bewusstes Essen und Trinken beim Fasten.

Die fünf Säulen des Islam
(arabisch: *erkânu l-islâm*, türkisch: *İslam'ın şartları*)

Der Islam ist die endgültige und vollendete Religion, die Allah mittels Seines Gesandten an die gesamte Menschheit herabgesandt hat. Der Islam ist die Ergebung in Allahs Willen, sie ist bei Allah die einzig wahre Religion und damit der einzige Rettungsweg für die Menschheit. Auch die Religionen und Offenbarungen, die göttlichen Ursprungs sind und ihre ursprungliche authentische Form bewahrt haben, wie Christentum und Judentum, zählen als Islam.

„Wahrlich, die Religion bei Allah ist der Islam." [11]

Nach dem *îmân* (deutsch: *Glauben*, türkisch: *imân*) besteht unsere wichtigste Aufgabe darin, die fünf Säulen des Islam zu lernen und diese entsprechend in unserem Leben zu praktizieren. Zu diesen gehörten:

1. die Bezeugung des Glaubens durch das Aufsagen der **Glaubensbezeugung** (s. Teil 1/Die Glaubenslehre des Islam)

2. das Verrichten des **Ritualgebets** (arabisch: *salâh*, türkisch: *namaz*)

3. das **Fasten** im Monat Ramadan (arabisch: *sawm*, türkisch: *oruç*)

4. das Entrichten *der* **Zekât** (deutsch: *Sozialabgabe*)

5. die Pilgerfahrt nach Mekka, der **Hadsch.**

11 Koran, 3/Al Imrân;19.

Teil I.
Glaubenslehre des Islam

Der Glaube
(arabisch/türkisch: îmân)

Glauben bedeutet, aufrichtig und aus ganzem Herzen daran zu glauben, dass die Botschaften, die unser Prophet Muhammed (s) von Allah überbracht hat, wahr sind.

Um aber zu erkennen, dass ein Mensch ein Muslim ist und um ihn dementsprechend zu behandeln, muss dieser seinen inneren Glauben auch nach außen kundtun; Er muss aussprechen, woran er von Herzen glaubt, was er bezeugt. Dies tun wir mit der Einheitsbezeugung bzw. der Glaubensbezeugung:

Die Einheitsbezeugung
(arabisch: *kelimetu t-tewhîd*, türkisch: *kelime-i tevhid*)

لَا اِلٰهَ اِلَّا اللّٰهُ مُحَمَّدٌ رَسُولُ اللّٰهِ

lâ ilâhe illallâh, muhammedun rasûlullâh

Es gibt keine Gottheit außer Allah, Muhammed ist der Gesandte Allahs.

Die Glaubensbezeugung
(arabisch: *kelimetu sch-schehâde*, türkisch: *kelime-i şehâdet*)

اَشْهَدُ اَنْ لَا اِلٰهَ اِلَّا اللّٰهُ وَاَشْهَدُ اَنَّ مُحَمَّدًا عَبْدُهُ وَرَسُولُهُ

eschhedu enlâ ilâhe illallâh we-eschhedu enne muhammeden abduhu we-rasûluhû

Ich bezeuge, dass es keine Gottheit gibt außer Allah, und ich bezeuge, dass Muhammed Sein Diener und Gesandter ist.

Die Einheitsbezeugung und die Glaubensbezeugung geben die Glaubensgrundsätze in zusammengefasster Form wieder. Jeder Muslim muss diese beiden in Aussprache und Bedeutung kennen und auswendig lernen.

Unser Prophet Muhammed (s) sagte, dass die Glaubensbezeugung, mit anderen Worten der Glaube, der Schlüssel zum Paradies sei. Es genügt aber nicht, diesen Schlüssel nur zu besitzen. Wir müssen ihn auch ein Leben lang bewahren.

Die Glaubensgrundsätze
(arabisch: *esâsu l-aqîde*, türkisch: *iman esasları*)

Jeder Muslim hat zunächst an die islamischen Glaubensgrundsätze zu glauben; das sind der Glaube an:

1. die Existenz Allahs und seine Einsheit und Einzigkeit
2. Seine Engel
3. Seine Offenbarungsbücher
4. Seine Propheten
5. das Jenseits
6. an die Vorherbestimmung, und daran, dass das Gute und das Böse von Allah sind (durch Seine Schöpfung geschehen)

Der Glaube an Allah
Als Muslim glauben wir an Allah, der uns erschaffen hat und am Leben erhält, und wir ergeben uns Ihm aus ganzem Herzen. Dabei Sein Wesen und seine Erhabenheit zu begreifen, sind uns Seine Attribute hilfreich.

Die Eigenschaften/Attribute Allahs
(arabisch: *sifâtullâh*, türkisch: *Allah*'ın *sıfatları*)

Allah hat 14 Attribute (arabisch: *sifât,* türkisch: *sıfatlar*). 6 dieser Attribute beschreiben Seine *Wesenseigenschaften* (arabisch: *es-sifâtu z-zâtiyye,* türkisch: *zâtî sıfatlar*), weitere 8 sind die sogenannten *bezeugten Eigenschaften* (arabisch: *es-sifâtu s-subûtiyye,* türkisch: sübû*tî sıfatlar*).

Allahs Wesenseigenschaften
(arabisch: es-sifâtu z-zâtiyye; türkisch: zati sıfatlar)

Wudschûd (deutsch: *Existenz,* türkisch: *vücûd*)**:** Allah ist existent.

Qidem (deutsch: *Urewigkeit,* türkisch: *kıdem*)**:** Seine Existenz kennt keinen Anfang, Er ist urewig.
Beqâ (deutsch: *Endlosigkeit,* türkisch: *bekâ*)**:** Seine Existenz kennt kein Ende, Er ist immerwährend.
Wahdaniyye (deutsch: *Einsheit,* türkisch: *vahdaniyyet*)**:** Allah ist einer, er hat keine Teilhaber, weder in seinem Wesen, noch in seinen Eigenschaften.
Muchâlefetun li-l-Hawâdis (deutsch: *Ungleichartigkeit zu den Geschöpfen,* türkisch: *mühalefetün lil-havâdis*)**:** Er gleicht nichts, das nach Ihm war: Nichts an ihm gleicht irgendetwas, was Er erschaffen hat.
Qiyâm bi-nefsihî (deutsch: *Durch sich selbst existent,* türkisch: *kıyam bi-nefsihi*)**:** Allah ist aus sich selbst existent. Er braucht nichts und niemanden, um zu existieren. Er ist absolut unabhängig.

Allahs bezeugte Eigenschaften
(arabisch: es-sifâtu s-subûtiyye, türkisch: subûtî sıfatlar)

Hayat (deutsch: *Leben,* türkisch: *hayat*)**:** Allah ist lebendig.
'Ilm (deutsch: *Wissen,* türkisch: *ilim*)**:** Allah weiß alles.
Semî' (deutsch: *Hören,* türkisch: *duymak*)**:** Allah hört alles.
Basar (deutsch: *Sehen,* türkisch: *görmek*)**:** Allah sieht alles.
Irâde (deutsch: *Willenskraft,* türkisch: *irade*)**:** Allah wünscht sich etwas, und setzt dies dann um.
Qudra (deutsch: *Macht,* türkisch: *kudret*)**:** Allah hat Macht und Kraft.
Kelam (deutsch: *Sprechen,* türkisch: *kelâm*)**:** Allah teilt durch das Wort mit.
Tekwîn (deutsch: *Schöpfen,* türkisch: *yaratmak*): Allah ist schöpfend, Er ist der Schöpfer.

Die wichtigsten Aspekte des Glaubens an Allah

Allah ist existent, und Er ist Einer; Seine Existenz hat keinen Anfang und kein Ende.
Er ist von Ewigkeit, Er ähnelt keinem der Geschöpfe, die Er erschaffen hat, und Er existiert nur aus Sich selbst. Er ist auf niemanden angewiesen (genügt sich selbst), alles ist auf Ihn angewiesen.

Allah ist lebendig. Allah weiß alles, hört alles und sieht alles. Er wünscht sich etwas und setzt dies um. Er hat unendliche Kraft und Macht, Seine Kraft und Macht reichen für alles. Allah ist der Schöpfer, was Er auch will, Er kann es aus dem Nichts erschaffen oder alles erlöschen lassen. Alles Seiende im Universum ist durch Seine Schöpfung entstanden und jedem Teil Seiner Schöpfung liegt ein weiser wohlwissender Grund zugrunde.

Allah verfügt über Worte. Er hat Seine Worte Seinen Gesandten mitgeteilt und über diese Seine Gebote kundgetan. Der gnadenreiche Koran, unser Offenbarungsbuch, ist das Wort Allahs.

Der Glaube an die Engel

Engel sind aus Licht erschaffene Wesen. Sie essen und trinken nicht und sind weder männlich noch weiblich. Sie erfüllen die Anweisungen Allahs. Wie viele sie sind, weiß allein Allah. Jeder von ihnen hat von Allah zugeteilte Aufgaben.

Die Großen Engel und ihre Aufgaben:

Dschebrail: Er ist der wichtigste Engel. Seine Aufgabe besteht darin, die Offenbarung Allahs an die Propheten weiterzugeben. So war er es auch, der die Offenbarungen des Korans an unseren Propheten Muhammed (s) übermittelte.

Mikail: Er regelt die Naturereignisse (Regen, Wind, das Sprießen der Saat usw.).

Israfil: Er kümmert sich um den Verlauf des Jüngsten Tages und um die Auferstehung der Menschen nach dem Tod.

Azrail: Er ergreift die Seelen der Menschen, was ihr Sterben bedeutet.

Darüber hinaus gibt es auch noch andere namentlich erwähnte Engel, z.B. die beiden Schreiberengel, die *kirâmen kâtibîn.* Sie befinden sich zur rechten und zur linken Seite des Menschen und zeichnen hier seine Taten auf, führen sein Tatenbuch. Dann gibt es noch die Engel *Munker* und *Nekir*, sie werden uns im Grab der Befragung unterziehen.

Der Glaube an die Offenbarungsbücher

Allah, der Erhabene, hat an Seine Propheten Offenbarungen herabgesandt. Sie verkünden Allahs Gebote und erklären die Wege zum erfüllten Leben im Dies- und im Jenseits.
Folgende „vier großen Offenbarungsbücher“ hat Allah den Propheten herabgesandt:

die Thora (arabisch: *Tewrat*) an Moses (a.s.) (arabisch: Mûsâ)
die Psalmen (arabisch: *Zebûr*) an David (a.s.) (arabisch: Dâwûd)
das Evangelium (arabisch: *Indschîl*) an Jesus (a.s.) (arabisch: Îsâ)
den Koran an unseren Propheten Muhammed (s)

Wir glauben an alle diese Bücher, allerdings in ihrer ursprünglich offenbarten Version, bevor sie nachträglich durch Menschenhand geändert wurden und somit nicht mehr authentisch sind.
Unser Offenbarungsbuch, der Koran, ist unverändert bis in unsere Tage gelangt. Er ist uns ohne die geringste Änderung in der Form erhalten, in der er offenbart wurde. Er wird uns auch bis zum Jüngsten Tag in dieser Form erhalten bleiben. Der Koran selbst weist darauf hin, wenn es darin heißt:

„Wahrlich, Wir sind es, die die Ermahnung (den Koran) herabsandten. Und Wir werden es wieder sein, die ihn beschützen!“ [12]

Dieses und noch andere Merkmale unterscheiden den Koran von den anderen Offenbarungsschriften. So ist er nicht in einem Mal, als Ganzes, sondern Vers für Vers, reagierend auf menschliche Bedürfnisse und Geschehnisse offenbart worden. Dies hat auch sein Auswendiglernen erleichtert. Er richtet sich mit seiner Botschaft nicht an ein bestimmtes Volk, sondern an die gesamte Menschheit. Der Koran ist das letzte Offenbarungsbuch, das herabgesandt wurde. Ihm wird kein anderes mehr folgen. Als solches wird er den Menschen in allen Zeiten wieder und wieder eine Antwort auf ihre Bedürfnisse geben, ihnen mit seinen Wahrheiten und seinen Weisheiten den Weg leuchten. Seine Botschaft und seine Bestimmungen gelten bis zum Jüngsten Tag. Er ist das größte und beständigste Wunder unseres Propheten Muhammed (s).

12 Koran, 15/Hidschr; 9.

Daneben gibt es noch die so genannten *suhuf* (Pl. zu *sahîfe*), (deutsch: *die Offenbarungsblätter*). Sie umfassen, wie der Name schon sagt, nur wenige Seiten. Solche Seiten wurden herabgesandt an die Propheten:

Adam (a.s.): 10 Seiten
Schît (a.s.): 50 Seiten
Idrîs (a.s.): 30 Seiten
Ibrâhîm (a.s.): 10 Seiten

Der Glaube an die Propheten

Propheten sind Gesandte Allahs, die in Seinem Auftrag die religiösen Bestimmungen an die Menschen überbringen. Sie sind es, die die Menschen die Glaubensgrundsätze gelehrt und ihnen beigebracht haben, wie sie Allah anzubeten haben; Sie haben den Menschen die religiösen Bestimmungen und moralisch-ethischen Prinzipien erklärt, um ihnen den Weg zur Glückseligkeit auf Erden und später im jenseitigen Leben zu zeigen.

Der erste Prophet war Adam (a.s.) und der letzte der Prophet Muhammed (s). Zwischen diesen beiden gab es zahlreiche weitere Propheten, von denen 25 im Koran namentlich Erwähnung finden.

Wir Muslime glauben an die Propheten, die im Koran namentlich erwähnt sind, aber auch an all jene, von denen Allah allein weiß, wie viele es darüber hinaus noch sind. Und wir machen zwischen ihnen keinen Unterschied. Unser Prophet Muhammed (s) hat hier jedoch eine besondere Stellung. Er ist der letzte Prophet, das „Siegel der Propheten“.[13] Nach ihm wird kein anderer mehr kommen. Er ist gesandt für alle Menschen, nicht, wie dies bei den vorherigen Propheten der Fall war, für ein bestimmtes Volk. Der Koran weist uns wie folgt hin:

„(O Muhammed!) Sprich: O Menschen! Wahrlich, ich bin Allahs Gesandter, gesandt für euch alle.“[14]

Und mit seinem Prophetentum hat er gewirkt für alle Zeiten; Die Botschaft, die er brachte, ist gültig bis zum Jüngsten Tag.

13 Koran, 33/Ahzâb; 40.
14 Koran, 7/A'raf ; 158.

Der Glaube an das Jenseits

Das Leben des Menschen und all der anderen Lebewesen hat ein Ende. Ebenso auch die Welt, auf der wir leben, wird eines Tages untergehen. Wenn die Zeit hereinbricht, die Allah, der Erhabene, hierfür vorgesehen hat, werden alle Lebewesen auf Erden sterben. Das Gleichgewicht auf Erden, wie in den Himmeln, wird durcheinander geraten. Es wird dann das große Ereignis eintreffen, der Jüngste Tag, und das Universum wird neu gestaltet.

Nach einer gewissen Zeit werden alle Menschen auferweckt und vor das göttliche Gericht geführt, wo sie für ihre Taten und Handlungen auf Erden Rechenschaft ablegen und dementsprechend belohnt oder bestraft werden.

Die Schreiberengel (*kirâmen kâtibîn*) werden unsere Tatenbücher herbeibringen, die sie über uns geführt haben, und sie uns aushändigen. Alle schlechten Taten, die wir auf Erden offen oder unbemerkt von den Menschen begangen haben, werden nun offen gelegt und die guten wie die schlechten Taten gegeneinander aufgewogen. Jeder Mensch wird im Jenseits den Gegenwert für das erhalten, was er auf Erden getan hat. Die Gerechtigkeit Allahs wird nun eintreffen und Er wird dabei über jeden gerecht urteilen.

Wer auf Erden Allahs Gebote befolgt, den Menschen Gutes getan und vermieden hat, was Allah verboten hat, wird nun als Lohn hierfür ins Paradies eintreten, wo ein ewiges und glückliches Dasein auf ihn wartet. Diejenigen jedoch, die nicht geglaubt haben oder Sünden begingen, obwohl sie glaubten, werden in der Hölle bestraft. Wer im Unglauben stirbt, wird hier ewig bleiben. Gläubige Sünder jedoch gelangen später ins Paradies, nachdem sie hier für eine Weile geblieben sind und ihre Strafe verbüßt haben.

Die Zeit, die mit der Auferstehung der Menschen beginnt und bis in die Ewigkeit fortdauern wird, wird als *Jenseits* (arabisch: *âchira*, türkisch: *ahiret*) bezeichnet.

Der Glaube an die Vorherbestimmung

(arabisch: *qadar*, türkisch: *kader*)

Allah weiß all die Dinge, die im Universum in irgendeiner Zeit, an irgendeinem Ort geschehen werden, von Ewigkeit her. Er hat sie schon vor allen Zeiten vorherbestimmt. Das Wissen um und die Bestimmung aller Dinge nennen wir *Vorherbestimmung* (arabisch:

qadar, türkisch: *kader*). Wenn die Zeit dafür dann eintritt, wird sich diese Vorherbestimmung fügen. Wir sprechen dann von *der Fügung/dem Geschehen* (arabisch: *qadâ*, türkisch: *kaza*) der Vorherbestimmung.

Wenn wir die Vorherbestimmung mit einem Plan vergleichen, ist die Fügung also die Umsetzung dieses Plans, des im Plan Vorgesehenen. Alles im Universum geschieht durch die Vorherbestimmung und die Schöpfung Allahs. Und es gibt keinen anderen Schöpfer außer Allah.

An die Vorherbestimmung und die Fügung zu glauben bedeutet, daran zu glauben, dass alles *Gute* (arabisch: *chayr*, türkisch: *hayır*) und *Böse* (arabisch: *scherr*, türkisch: *şer*) von Allah vorherbestimmt ist und, wenn die vorhergesehene Zeit dafür dann eintrifft, es sich ereignet bzw. durch Allahs Schöpfung fügt.

Die Verantwortung des Menschen

Das Geschick des Menschen widerfährt ihm auf zwei Ebenen.

Zum einen gibt es Dinge, auf die der Mensch keinen Einfluss hat. Ob im Leben eine Krankheit seine Hand zittern lässt, wie sein Herz funktioniert, ob er groß ist oder klein, dies alles ist so, weil Allah dies so gewollt und entsprechend geschaffen hat. Hierin trifft den Menschen daher keine Verantwortung.

Verantwortung hat er erst in dem Bereich, den Allah für ihn, je nach seinem eigenen Willen und dem daraus erfolgenden Handeln schafft. Will der Mensch Hand und Fuß bewegen, sich setzen oder wieder aufstehen, so schafft Allah für ihn hierfür die Möglichkeit.

Allah ist es, der alles bestimmt und schafft. Er hat dem Menschen aber auch einen *freien Willen* (arabisch/türkisch: *irâde*) gegeben, ihm die freie Wahl gelassen im Handeln. Entscheidet sich der Mensch nun mit seinem freien Willen, etwas Gutes zu tun und gebraucht er seine Kraft hierfür, so schafft Allah für ihn das Gute. Entscheidet er sich aber für das Schlechte und setzt seine Kraft hierfür ein, so schafft Allah für ihn das Schlechte.

Wir sehen also: Allah schafft jeweils das, wofür der Mensch sich entscheidet. Nur so ist der Glaube an die Vorherbestimmung und daran, dass *„das Gute und das Böse von Allah sind“* bzw. das Gute wie das Böse durch die Schöpfung Allahs geschehen, zu verstehen.

Die Glaubensgrundsätze werden im *Âmentu*-Gebet aufgeführt. Jede muslimische Person muss dieses Gebet auswendig lernen und es von Zeit zu Zeit sinnentnehmend aufsagen.

Das Âmentu-Gebet

اٰمَنْتُ بِاللّٰهِ وَمَلٰٓئِكَتِهِ وَكُتُبِهِ وَرُسُلِهِ وَالْيَوْمِ الْاٰخِرِ وَبِالْقَدَرِ خَيْرِهِ وَشَرِّهِ مِنَ اللّٰهِ
تَعَالٰى وَالْبَعْثُ بَعْدَ الْمَوْتِ حَقٌّ اَشْهَدُ اَنْ لَآ اِلٰهَ اِلَّا اللّٰهُ وَاَشْهَدُ اَنَّ مُحَمَّدًا
عَبْدُهُ وَرَسُولُهُ

âmentu billâhi we melâ'iketihî we kutubihî we-rusulihî wel-yewmil-âchiri we-bil-qaderi chayrihî we-scherrihî minallâhi te'âlâ wel-ba'su ba'del-mewti haqqun; eschhedu en lâ ilâhe illallâh we-eschhedu enne muhammeden 'abduhû we-rasûluhû.

Ich glaube an Allah, Seine Engel, Seine Offenbarungsbücher, Seine Gesandten, an den Jüngsten Tag, an die Vorherbestimmung, und daran, dass das Gute wie das Böse, von Allah, dem Erhabenen kommt, und dass die Auferweckung nach dem Tod wahr ist. Ich bezeuge, dass es keine Gottheit gibt außer Allah. Und ich bezeuge, dass Muhammed Sein Diener und Gesandter ist.

Teil II.
Religiöse Praxis

1. Die rituelle Reinheit

Die Reinheit ist im Islam von zentraler Bedeutung. Einige Gottesdienste setzen Reinheit als Bedingung voraus. Wer sich z.B. zum Ritualgebet aufstellen will, muss vorher –falls nötig- die *Ganzkörperwaschung* (arabisch: *ghusl*, türkisch: *gusül*) und die *Gebetswaschung* (arabisch: *wudû*, türkisch: *abdest*) vornehmen um sich zu reinigen, schließlich will er sich im Gebet direkt seinem Schöpfer zuwenden. Und es ist nicht nur der Körper, der hierfür rein sein muss. Auch Kleidung und Gebetsort müssen in einem reinen Zustand sein.

Dabei geht es hier nicht nur um materielle Reinheit. Der Gläubige muss vielmehr auch reinen Herzens, in diesem Sinne spirituell-geistig rein sein, wenn er sich im Gebet seinem Schöpfer zuwendet. Mit der rituellen *Gebetswaschung* oder der *Ganzkörperwaschung*, die wir vornehmen, reinigen wir uns daher nicht nur materiell, sondern auch spirituell-geistig, indem wir uns von allen schlechten Gedanken reinigen. Denn Reinheit meint mit der äußerlichen auch immer diese innerliche Reinheit.

Die Ganzkörperwaschung

(arabisch: *ghusl*, türkisch: *gusül*)

In welchen Fällen muss eine Ganzkörperwaschung erfolgen?

Die Ganzkörperwaschung erfolgt:

1. um den Zustand der rituellen Unreinheit (arabisch: *hâletul-dschenâbe*, türkisch: *cünüplük*) aufzuheben, d.h.
   a) nach dem Geschlechtsverkehr
   b) nach Samenerguss infolge Erregung, sei es durch Anblick, Berührung oder einen *feuchten Traum* (arabisch/türkisch: *ihtilâm*)
2. bei Frauen nach dem Ende der Menstruation und
3. nach dem Ende des Wochenflusses bei Wöchnerinnen.

Auch wer zum Islam konvertiert, muss zunächst die Ganzkörperwaschung vornehmen.

Was darf man ohne die Ganzkörperwaschung nicht vornehmen?

Ohne die Ganzkörperwaschung kann

a) das Ritualgebet nicht verrichtet werden,
b) der Koran nicht gelesen werden,
c) der Koran nicht angefasst werden,
d) die Kaaba nicht umrundet werden und
e) die Moschee nicht betreten werden, solange kein zwingender Grund hierfür vorhanden ist.

Die Pflichten der Ganzkörperwaschung

1. Wasser in den Mund nehmen und gurgeln.
2. Wasser in die Nase ziehen und wieder ausspülen.
3. Den ganzen Körper waschen, bis keine einzige trockene Stelle zurückbleibt.

Die Sunna der Ganzkörperwaschung

1. Die Ganzkörperwaschung mit der *Besmele* beginnen.
2. Die *Absicht* (arabisch: *niyye*, türkisch: *niyet*) zur Ganzkörperwaschung fassen.
3. Vor der Ganzkörperwaschung zunächst die Gebetswaschung vornehmen.
4. Den Genitalbereich waschen.
5. Den Körper gründlich waschen, bis kein Schmutz mehr an ihm haftet.
6. Nach der Gebetswaschung zuerst dreimal über den Kopf, dann dreimal über die rechte und dreimal über die linke Schulter Wasser gießen und dafür sorgen, dass das Wasser den Körper gänzlich benetzt.
7. Während des Waschen den Körper abreiben.
8. Sollte sich dort, wo man steht, Wasser ansammeln, dann die Füße zum Schluss waschen.

Die Durchführung der Ganzkörperwaschung

Zunächst wird die Besmele gesprochen und die Absicht gefasst, die Ganzkörperwaschung vorzunehmen. Danach werden die Hände bis einschließlich zu den Handgelenken gewaschen. Die Genitalien

werden gewaschen.
Danach nimmt man mit der rechten Hand dreimal hintereinander Wasser in den Mund und spült den Mund richtig aus. Wer fastet, achtet darauf, dass er dabei kein Wasser verschluckt. Als Nächstes wird mit der rechten Hand dreimal Wasser in die Nase gezogen und unter Zuhilfenahme der linken Hand wieder hinausgeschnaubt, die Nase gut ausgespült. Danach führt man man weiter die Gebetswaschung durch.
Zum Schluss lässt man der Reihe nach dreimal über den Kopf, sowie die rechte und die linke Schulter Wasser laufen und reibt dabei den ganzen Körper gründlich, so gut man mit der freien Hand hinkommt, ab. Keine Stelle darf trocken bleiben. Bauchnabel, Ohrmuschel, Ohrlöcher, Zahnzwischenräume, Bart und Haupthaar: auch hier muss Wasser hinkommen.
Der Körper wird gründlich gewaschen, bis kein Schmutz und keine trockene Stelle mehr zurückbleibt.
Die Ganzkörperwaschung kann auch in einem fließenden Gewässer, im Meer oder in einem großen Bad vorgenommen werden. Hierfür spült man dreimal den Mund und dreimal die Nase aus und taucht dann vollständig in diesem Wasser unter, so dass alle Körperstellen nass werden.

Die Ausnahmesituationen bei Frauen

1. Die Menstruation

(arabisch: *hayd*, türkisch: *hayız*)

Während der Menstruation ist die Durchführung einiger Handlungen nicht erlaubt. So dürfen Frauen während ihrer Menstruation

1. das Ritualgebet nicht verrichten,
2. nicht fasten,
3. den Koran nicht lesen,
4. den Koran nicht anfassen,
5. die Kaaba nicht umrunden,
6. keine Moschee betreten,
7. keinen Geschlechtsverkehr haben.

Als Menstruation gelten monatliche Blutungen, die 3–10 Tage dauern. Blutungen darüber hinaus (die länger dauern als zehn Tage), sind abnorm und werden nicht mehr als Menstruation angesehen. Nach der Menstruation ist die Durchführung der Ganzkörperwaschung *Fard*. Die Ritualgebete, die die Frau während ihrer Menstruation nicht verrichten kann, werden nicht nachgeholt. Allah, der Erhabene, hat sie für diese Tage davon freigestellt. Das versäumte Fasten ist jedoch nachzuholen.

2. **Wöchnerinnenzeit**
(arabisch/türkisch: *nifâs*)

Die Wöchnerinnenzeit umfasst die Zeit der Blutungen nach der Geburt, die Zeit des Wochenflusses. Diese kann bis zu 40 Tage dauern. All die Handlungen, die Frauen während ihrer Menstruation nicht erlaubt sind, sind es auch in der Wöchnerinnenzeit nicht erlaubt. Wenn die Blutungen aufhören, muss die Ganzkörperwaschung vorgenommen werden. Ritualgebete, die während des Wochenflusses nicht verrichtet werden konnten, werden nicht nachgeholt. Die Tage, die nicht gefastet wurden, müssen jedoch nachgeholt werden.

3. **Nichtmenstruelle Blutungen**
(arabisch: *istihâde*, türkisch: *istihaze*)

Nichtmenstruelle Blutungen gelten als Krankheit und damit als entschuldigender Hinderungsgrund für Frauen. Auch Blutungen von Mädchen unter 9 Jahren und von Frauen über 55 Jahren sowie Blutungen während der Schwangerschaft gehören in diese Kategorie. Dauert die monatliche Regel länger als zehn oder die Wöchnerinnenzeit länger als 40 Tage, so fallen auch diese Blutungen darunter. Grundsätzlich gilt, dass bei Blutungen, die als nichtmenstruell einzustufen sind, das Ritualgebet und das Fasten fortgeführt werden.

Die Gebetswaschung

(arabisch: *wudû*, türkisch: *abdest*)

Die Gebetswaschung ist die grundlegende Voraussetzung, die Vorbedingung für das Verrichten des Ritualgebets. So erfahren wir aus einer Überlieferung des Propheten (s):

> *„Der Schlüssel zum Ritualgebet ist die Reinigung (die Gebetswaschung).“*[15]

15 Dschâmi'u s-saghîr, Bd. 2, S. 156

Was darf man ohne die Gebetswaschung nicht vornehmen?

Ohne die Gebetswaschung,

1. kann das Ritualgebet nicht verrichtet werden,
2. sollte der Koran nicht angefasst werden,
3. kann *die Niederwerfung der Rezitation*(arabisch: *sedschdetu s-sahw*, türkisch: *sehiv secdesi*) nicht vorgenommen werden,
4. kann die Kaaba nicht umrundet werden,
5. kann das Totengebet nicht verrichtet werden.

Die Pflichten der Gebetswaschung

1. Das Gesicht waschen
2. Die Hände bis einschließlich zu den Ellbogen waschen
3. Ein Viertel des Kopfes mit der feuchten Hand bestreichen
4. Die Füße bis zu den Fußknöcheln waschen

Wird einer dieser Schritte ausgelassen, ist die Gebetswaschung nicht gültig.

Die Sunna der Gebetswaschung

1. Die Absicht zur Gebetswaschung fassen
2. Zu Beginn die *E'ûzu-Besmele* sprechen
3. Zunächst die Hände bis zu den Handgelenken waschen
4. Zähne putzen (mit der Zahnbürste, dem Reinigungshölzchen *Miswak/Siwak* oder auch mit den Fingern der rechten Hand abreiben, je nachdem, was vorhanden ist)
5. Die zu reinigenden Körperteile zügig hintereinander waschen. Es darf nicht ein Körperteil schon trocknen, während ein anderer noch gewaschen wird.
6. Die Körperteile beim Waschen gründlich abreiben
7. Dreimal Wasser in den Mund nehmen und wieder ausspülen
8. Den Mund mit dem Wasser richtig ausspülen, wenn man nicht gerade fastet.
9. Dreimal Wasser in die Nase ziehen und wieder ausspülen
10. Beim Waschen bzw. Bestreichen obige Reihenfolge beachten

11. Alle Körperteile dreimal waschen
12. Beim Waschen immer mit den rechten Körperteilen beginnen
13. Beim Waschen der Hände bei den Fingern und der Füße bei den Zehen beginnen
14. Beim Bart für das Durchfeuchten sorgen (mit den feuchten Fingern durchfahren)
15. Ringträger bewegen diesen hin und her, damit Wasser auch unter den Ring kommt.
16. Die Ohren mit feuchten Fingern bestreichen
17. Den Nacken mit feuchten Fingerrücken bestreichen
18. Die Kopfhaare mit der feuchten Hand ganz bestreichen
19. Die Finger und Zehen spreizen und mit den Fingern durchfahren, die Zwischenräume der Zehen und Finger waschen

Die feinen Sitten der Gebetswaschung
(arabisch/türkisch: *âdâb*)

1. Die Gebetswaschung vor der Zeit für das jeweilige Gebet vornehmen und in diesem Zustand auf das Eintreten der Gebetszeit warten
2. Sich bei der Waschung je nach Möglichkeit in Richtung der Kaaba wenden
3. Die Waschung selbst vornehmen (keine Hilfe von Anderen annehmen)
4. Solange dies nicht unbedingt notwendig wird, bei der Waschung nicht sprechen
5. Nach der Waschung wieder in Richtung Mekka blickend das Glaubensbekenntnis sprechen

Die Durchführung der Gebetswaschung

1. Man fasst zunächst die Absicht zur Gebetswaschung und sagt: „Ich habe die Absicht, für Allahs Wohlgefallen die Gebetswaschung vorzunehmen.“ Dann wird die *E'û-zu-Besmele* gesprochen: *„e'ûzu billâhi min esch-scheytâni r-radschîm, bismillâhirrahmânirrâhîm.“*

Danach werden der Reihe nach:

2. die Hände dreimal bis zu den Handgelenken gewaschen. Auch die Zwischenräume der Finger sind zu waschen. Ringträger schieben diesen hin und her, damit das Wasser auch darunter gelangt.
3. Mit der rechten Hand wird nacheinander dreimal Wasser in den Mund genommen und der Mund gründlich ausgespült.
4. Mit der rechten Hand wird nacheinander dreimal Wasser in die Nase gezogen und unter Zuhilfenahme der linken Hand wieder ausgespült.
5. Anschließend wird das gesamte Gesicht dreimal gewaschen.
6. Danach werden dreimal die Arme gewaschen bis einschließlich den Ellbogen. Zunächst der rechte, dann der linke Arm.
7. Man befeuchtet die rechte Hand erneut mit Wasser und bestreicht mit der Handinnenfläche den Kopf.
8. Nun werden die Hände wieder befeuchtet und mit dem Zeigefinger oder dem kleinen Finger der rechten Hand das rechte Ohr gereinigt und dabei gleichzeitig mit dem rechten Daumen die Außenseite des rechten Ohrs entlang gefahren, um auch die Außenseite zu reinigen. Entsprechend wird gleichzeitig mit der linken Hand das linke Ohr gereinigt.
9. Mit den Außenseiten der drei restlichen Finger wird der Nacken bestrichen.
10. Die Füße werden dreimal bis zu den Fußknöcheln gewaschen. Zunächst der rechte, dann der linke Fuß. Man beginnt bei den Zehen und geht hier von außen nach innen (vom kleinen Zeh zum großen Zeh) vor. Auch die Zwischenräume der Zehen müssen gründlich gewaschen werden.

Die Gebetswaschung in Bildern

Zunächst wird die Absicht zur Gebetswaschung: „Ich habe die Absicht, für Allahs Wohlgefallen die Gebetswaschung vorzunehmen.“ und danach wird die *E'ûzu-Besmele*: „*E'ûzu billâhi minesch-scheytâni r-radschîm, bismillâhirrahmânirrâhîm.*“ gesprochen.

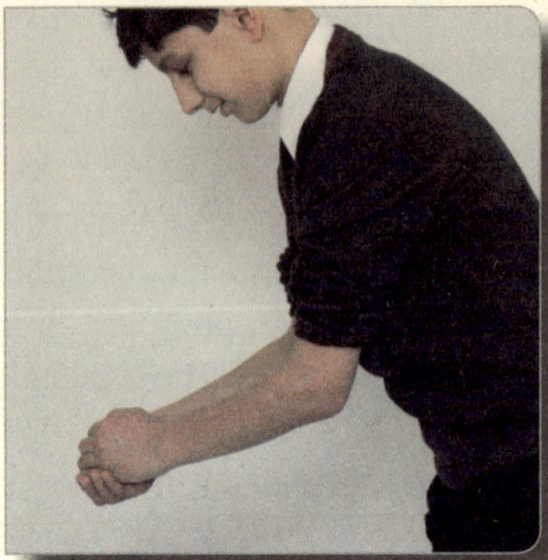

***Bild 1*:**

Die Hände werden bis zu den Handgelenken dreimal gewaschen. Auch die Zwischenräume der Finger werden gewaschen. Ringe werden hin- und her bewegt, damit Wasser darunter gelangt.

***Bild 2*:**

Mit der rechten Hand wird Wasser in den Mund genommen und dieser gründlich ausgespült. Das wird dreimal hintereinander wiederholt.

Bild 3:

Mit der rechten Hand wird eine Hand voll Wasser in die Nase gezogen. Mit der linken Hand wird die Nase gehalten und das Wasser wieder hinausgeschnaubt. Dies wird auch dreimal hintereinander wiederholt und die Nase gründlich gereinigt.

Bild 4:
Das Gesicht wird vom Haaransatz bis unter das Kinn dreimal gewaschen.

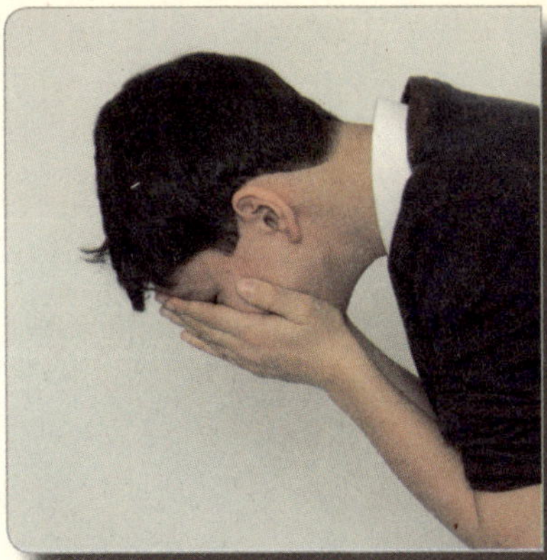

Bild 5:
Der rechte Arm wird einschließlich des Ellbogens dreimal gründlich gewaschen. Keine Stelle darf trocken bleiben.

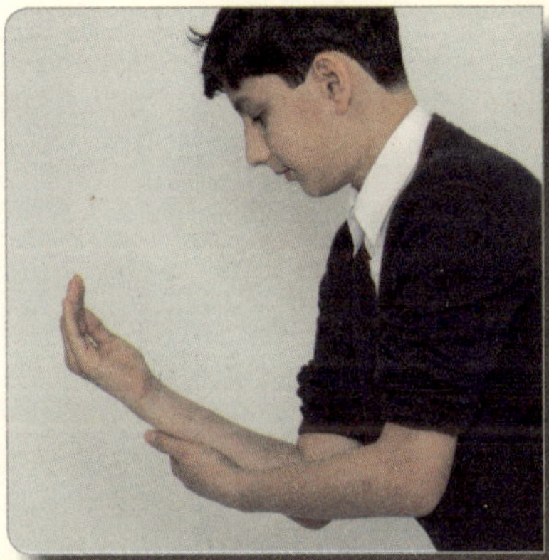

Bild 6:
Der linke Arm wird einschließlich des Ellbogens dreimal gründlich gewaschen. Keine Stelle darf trocken bleiben.

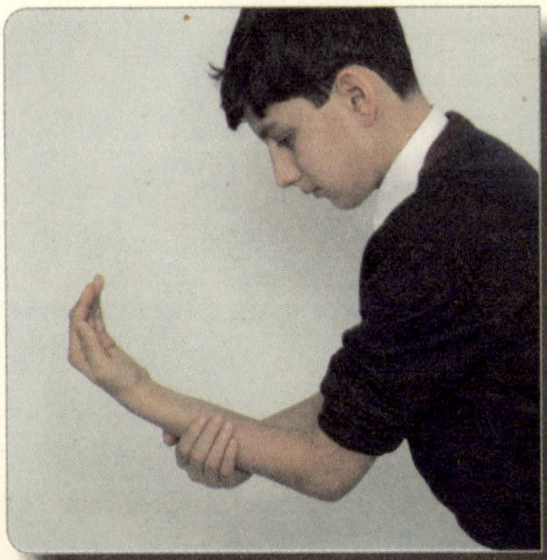

Bild 7:

Die Hand wird erneut befeuchtet und nun wird mit der Handinnenfläche und den Fingern über den Kopf gestrichen.

Bild 8:

Die Hände werden wieder befeuchtet. Mit dem Zeigefinger oder dem kleinen Finger der rechten Hand reinigt man das Innere des rechten Ohrs und fährt dabei gleichzeitig mit dem rechten Daumen die Außenseite des Ohrs entlang, um auch die Außenseite zu reinigen. Entsprechend wird gleichzeitig mit der linken Hand das linke Ohr gereinigt.

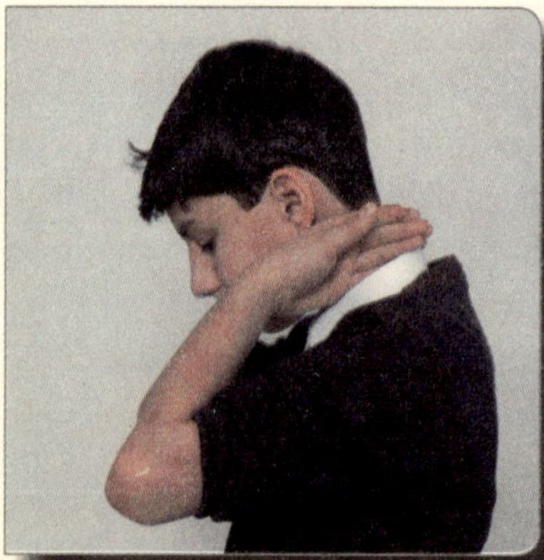

Bild 9:

Mit der Außenseite der anderen drei Finger wird der Nacken befeuchtet.

Bild 10:

Der rechte Fuß wird dreimal bis zur Ferse gewaschen. Wir beginnen mit den Zehen und reinigen hier auch die Zwischenräume.

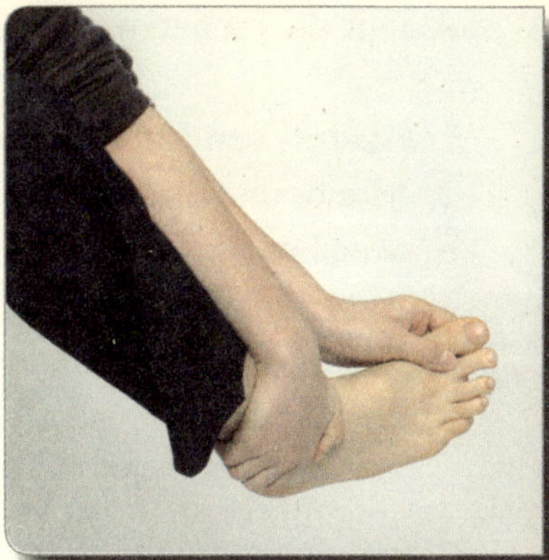

Bild 11:

Der linke Fuß wird dreimal bis zur Ferse gewaschen. Wir beginnen mit den Zehen und reinigen hier auch die Zwischenräume.

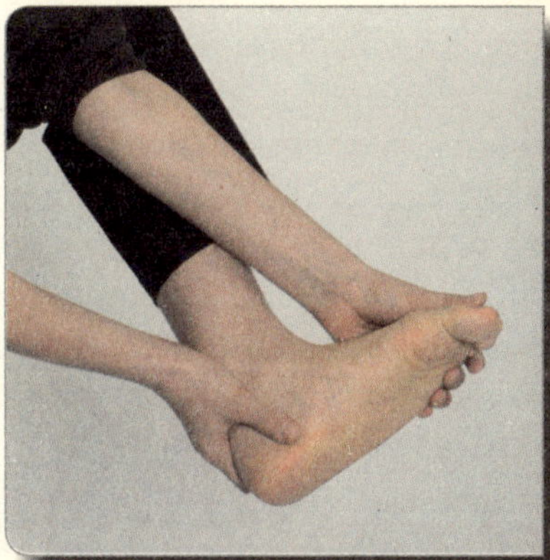

Nachdem derart die Gebetswaschung vorgenommen worden ist, stellt man sich Richtung Mekka auf und spricht das Glaubensbekenntnis.

Welche Praktiken sind bei der Gebetswaschung *mekruh*
(deutsch: verpönt/verwerflich, türkisch: mekrûh)

1. Unnötige Wasserverschwendung
2. Zu wenig Wasser verwenden, so dass es nicht tropfen kann
3. Das Wasser heftig ins Gesicht schlagen
4. Während der Gebetswaschung ohne zwingenden Grund sprechen
5. Die Gebetswaschung an einem unreinen Ort vornehmen

Was macht die Gebetswaschung ungültig?

1. Austritt von Blut, Eiter oder Wundwasser aus dem Körper
2. Mundvoll erbrechen
3. Wenn das Ausgespuckte zur Hälfte oder mehr Blut enthält
4. Ausscheiden von Urin, Kot oder Blähungen
5. Ohnmächtig werden und Trunkenheit
6. Während des Gebets lachen, sodass andere es hören können (nur im Gebet wird die Gebetswaschung durch Lachen ungültig)
7. Schlafen (liegend oder angelehnt)

Die Gebetswaschung bei Überstrumpfträgern

Wer nach der Vornahme der Gebetswaschung einen Überstrumpf (arabisch: *Chuff*, türkisch: *mest*), eine Art Lederschuh, der bis zu den Knöcheln reicht, anzieht, kann die nächste Waschung auch vornehmen, ohne diesen Strumpf auszuziehen; Wird die Gebetswaschung, nachdem man diesen Überstrumpf angezogen hat, ungültig, kann man die Gebetswaschung wiederholen, ohne die Füße erneut zu waschen, indem man nur mit der befeuchteten Hand über diese Strümpfe streicht; Mit mindestens drei Fingern der rechten Hand streicht man über den rechten Strumpf und ebenso mit mindestens drei Fingern der linken Hand über den linken, die Unterseiten werden ausgelassen.

In den nächsten 24 Stunden können die Füße bei der Gebetswaschung nun beliebig oft durch Bestreichen des Überstrumpfs ersetzt werden. Nach Ablauf dieser Zeit muss der Fuß im Rahmen einer Gebetswaschung erneut gewaschen werden. Wer auf Reisen ist und dabei einen Überstrumpf trägt, darf 72 Stunden lang bei der Gebetswaschung die Überstrümpfe bestreichen, anstatt die Füße zu waschen.

Alles was die Gebetswaschung ungültig macht, macht auch die Gebetswaschung mit einem Überstrumpf ungültig. In diesem Fall wird die Gebetswaschung erneuert und dabei wieder der Überstrumpf bestrichen.

Die Gebetswaschung mit einem Überstrumpf wird darüberhinaus auch ungültig, wenn einer der Überstrümpfe oder beide ausgezogen werden oder von selbst abfallen. Falls die Gebetswaschung noch bestand, muss man in diesen Fällen nur die Füße waschen (gewaschen werden auf jeden Fall beide Füße, selbst wenn nur einer der Überstrumpfe ausgezogen wurde oder von selbst abfiel). Besteht die Gebetswaschung aber nicht mehr, so wird diese zuerst komplett wieder erneuert, bevor man den oder die Überstrümpfe wieder anzieht.

Nach Ablauf der Gültigkeit zieht man die Überstrümpfe wieder aus und wäscht, wenn die Gebetswaschung sonst noch Bestand hat, nur die Füße. Ansonsten nimmt man die Gebetswaschung im Ganzen erneut.

Die Gebetswaschung bei Bandagenträgern

Ist ein Körperteil bandagiert (weil ein Bruch oder eine Wunde vorliegt), wird die Bandage für die *Gebetswaschung* bzw. die *Ganzkörperwaschung* wenn möglich entfernt und die Stelle darunter gewaschen. Anders sieht es aus, wenn ein Öffnen der Bandage aus gesundheitlichen Gründen bedenklich wäre. In diesem Fall muss die Bandage nicht entfernt werden. Es reicht, wenn man mit der befeuchteten Hand darüber streicht. Ist eine Wunde mit einer Salbe o.Ä. verarztet und offen liegend (nicht bandagiert), reicht es, hier nur Wasser drüberfließen zu lassen. Sollte dies gesundheitlich bedenklich sein, kann die eingesalbte Stelle stattdessen wieder mit befeuchteter Hand bestrichen werden. Sollte auch dies bedenklich sein, kann auch darauf verzichtet werden.

Die Gebetswaschung bei Hinderungsgründen

Dauert ein Umstand, der die Gebetswaschung aufhebt, ununterbrochen über eine Gebetszeit hinaus an, so wird dies als „*Sonderfall*“ (arabisch: *ʹuzr*, türkisch: özür) eingestuft, der Gläubige hat damit eine Entschuldigung, ist „sonderfällig“.

Wer aus der Nase blutet oder aus seinem Körper über eine Gebetszeit hinaus ununterbrochen Blut oder eine andere Flüssigkeit (z.B. tropfenweise Urin oder Eiter) ausscheidet, vollzieht (während dieser Zustand andauert) nach dem Eintritt der Gebetszeit seine Gebetswaschung und betet. Wenn keine anderen Dinge eintreten, die die Gebetswaschung aufheben, dann können mit dieser Gebetswaschung innerhalb der Gebetszeit beliebig viele Gebete verrichtet werden (Nachholgebete z.B. oder freiwillige Gebete).

Die Gebetswaschung wird in solchen Sonderfällen jedoch mit dem Auslaufen der Gebetszeit wieder ungültig. Während der Dauer des

Sonderfalls ist für jedes Gebet nach dem Eintritt der Gebetszeit die Gebetswaschung erneut vorzunehmen.

Die Ersatzreinigung

(arabisch: teyemmum, türkisch: teyemmüm)

In welchen Fällen wird die Ersatzreinigung vorgenommen?

1. Wenn kein Wasser für die Gebetswaschung bzw. die Ganzkörperwaschung zur Verfügung steht.
2. Wenn Wasser zwar da aber nicht verwendbar (verschmutzt, gesundheitsschädlich etc.) ist.
3. Wenn der gesamte Körper oder große Bereiche davon mit Wunden übersät sind und ein Waschen nicht möglich ist.

Die Pflichten der Ersatzreinigung

1. die Absicht zu fassen (zur Vornahme der Ersatzreinigung) und
2. die Hände zweimal auf saubere Erde o. ä. Material zu klopfen und mit diesen beim ersten Mal über das Gesicht und beim zweiten Mal über die Unterarme zu streichen bis einschließlich zu den Ellbogen.

Die Sunna der Ersatzreinigung

1. Zunächst die Besmele sprechen.
2. Die Reihenfolge beachten.
3. Die Reinigung ohne Unterbrechung durchführen.
4. Die Hände zunächst nach vorne schieben, wenn auf die Erde geklopft wird.
5. Danach die Hände hier auch nach hinten ziehen.
6. Die Finger dabei gespreizt halten.
7. Die Hände seitlich gegeneinander schlagen und restliche Erde, die haften geblieben ist, abklopfen.

Die Durchführung der Ersatzreinigung

Zuerst wird die Absicht zur Ersatzreinigung gefasst (mit Formulierung auch des Zwecks dieser Ersatzreinigung). Danach werden die Hände mit gespreizten Fingern einmal auf saubere Erde geklopft. Wenn noch Erde an den Händen haftet, werden die Hände seitlich gegeneinander geschlagen und die restliche Erde abgeschüttelt.

Dann wird das gesamte Gesicht mit den Händen bestrichen. Anschließend wird mit den Händen nochmal auf die Erde geklopft und der rechte Unterarm mit der linken Hand, der linke Unterarm mit der rechten Hand bestrichen.

Was macht die Ersatzreinigung ungültig?

1. Alles, was die Gebetswaschung ungültig macht, hebt auch die Ersatzreinigung auf.
2. Die Ersatzreinigung wird auch dann ungültig, wenn wieder Wasser für die Durchführung der Gebetswaschung bzw. der Ganzkörperwaschung vorhanden ist.
3. Wenn der Zustand, der die Ersatzreinigung nötig gemacht hat (eine Wunde oder ein anderer triftiger Grund), wieder aufgehoben ist.

2. Das Ritualgebet

(arabisch: *salâh*, türkisch: *namaz*)

Die erste Säule des Islam ist das Glaubensbekenntnis. Diesem folgt sogleich das Ritualgebet, die zweite Säule. Die erste Aufgabe des Menschen besteht also darin, an die Existenz und die Einheit Allahs zu glauben, sowie daran, dass Muhammed (s) Allahs Gesandter ist. Die wichtigste Pflicht, die folgt, ist das Ritualgebet. Das Ritualgebet ist ein Gottesdienst, der die Seele reinigt, das Herz erleuchtet und den Menschen, wenn er sich dann zum Gebet aufstellt, sich direkt seinem Herrn hinwenden lässt. Wie wichtig dieser Gottesdienst ist, begreifen wir auch anhand der Zuordnung des Ritualgebets durch unseren Propheten Muhammed (s). Er sagte einst: „Was meint ihr, wenn vor der Tür von einem von euch ein Fluss wäre, in dem derjenige täglich fünfmal badet, bliebe dann noch irgendein Schmutz an ihm?“ Sie antworteten: „Es würde nichts übrigbleiben.“ Darauf sagte er: „Das ist gleich den fünf Gebeten, mit denen Allah die Sünden auslöscht.“[16] Es ist uns ein Licht, das Körper und Seele läutert. Dank des Ritualgebets befreien sich die Gläubigen vom Schmutz der Sünden und ebnen sich damit den Weg zum Paradies. Denn es lässt in ihre Herzen Ehrfurcht vor Allah hinein, sodass sie Sünden und Fehler zu meiden suchen. Und sie erlangen hiermit das Wohlwollen Allahs.

16 Buchari

Muslimen, die verstandesbegabt sind und mit der Pubertät auch die körperliche und seelische Reife erreicht haben, ist das Verrichten des Gebets Fard. Sie stehen später in der Verantwortung, das Ritualgebet ihren Kindern beizubringen und sie ab ihrem siebten Lebensjahr an das Beten heranzuführen.[17] Vorgeschrieben ist das Ritualgebet Muslimen zu fünf Zeiten: Zum Morgen, Mittag, Nachmittag, Abend und in der Nacht, und hier zu bestimmten vorgegeben Zeitabschnitten. Weder kann das Gebet daher vor Eintritt der vorgegebenen Zeit verrichtet werden, noch danach. Eine Ausnahme besteht bei einer Verhinderung, wenn das Gebet nicht innerhalb der vorgegebenen Zeit verrichtet werden kann. In diesem Fall wird das versäumte Gebet nachgeholt. Ein Auslassen oder Verschieben des Gebetes aber ohne triftigen, entschuldigenden Grund ist eine Sünde. Dabei gibt es im Islam auch verpönte Zeiten für das Gebet (arabisch: awqâtu l-kerâhe, türkisch: kerahet vakitleri): Zu Sonnenaufgang, zum Höchststand der Sonne (wenn sie sich noch nicht nach Westen neigt) und zu Sonnenuntergang kann weder ein Fard-, ein Wâdschib, noch ein freiwilliges Gebet verrichtet werden. Einzig, wenn der Fard-Teil des Nachmittagsgebetes (für diesen Tag, dies gilt nicht für ein Nachmittagsgebet in Nachholung eines versäumten) noch nicht verrichtet wurde, kann er in dieser ansonsten verpönten Zeit noch durchgeführt werden.

Die Arten des Ritualgebets

Es werden drei Formen unterschieden:

a) Fard-Gebete (deutsch: P*flicht*, türkisch: *farz*)

b) Wâdschib-Gebete (deutsch: *notwendige Pflicht*, türkisch: *vâcip*)

c) Nâfile-Gebete (deutsch: *freiwillige*, türkisch: *nâfile*). Hier sind alle Formen der Sunna- und der *Mendûb-* (deutsch: *empfehlenswerten*, türkisch: *mendûb*) bzw. Mustehâb- (deutsch: *wünschenswerten*, türkisch: *müstehâb*) Gebete eingeschlossen.

a) Fard-Gebete

Die fünf täglichen Gebete, das Freitagsgebet und das Totengebet sind Fard-Gebete. Hierzu gehören auch die Gebete, die innerhalb

17 Ebu Dâwûd, Salâh 26

ihrer vorgegebenen Zeit nicht verrichtet werden konnten. Diese nachzuholen ist ebenfalls Fard.

Die fünf täglichen Pflicht-Gebete

1. **Das Morgengebet** (arabisch: *salâtu l-fadschr*, türkisch: *sabah namazı*) besteht aus 4 *Gebetseinheiten* (arabisch: *rak'a*, türkisch: *rekat*): 2 Sunna- und 2 Fard-Einheiten.
2. **Das Mittagsgebet** (arabisch: *salâtu z-zuhr*, türkisch: *öğle namazı*) besteht aus 10 Gebetseinheiten: 4 ersten Sunna-Einheiten, 4 Fard-Einheiten und 2 letzten Sunna-Einheiten.
3. **Das Nachmittagsgebet** (arabisch: *salâtu l-'asr*, türkisch: *ikindi namazı*) besteht aus 8 Gebetseinheiten: 4 Sunna- und 4 Fard-Einheiten.
4. **Das Abendgebet** (arabisch: *salâtu l-maghrib*, türkisch: *akşam namazı*) besteht aus 5 Gebetseinheiten: 3 Fard- und 2 Sunna-Einheiten.
5. **Das Nachtgebet** (arabisch: *salâtu l-'ischâ'*, türkisch: *yatsı namazı*) besteht aus 10 Gebetseinheiten: 4 ersten Sunna-Einheiten, 4 Fard-Einheiten und zwei letzten Sunna-Einheiten.

Das Freitagsgebet (arabisch: *salâtu l-dschum'a*, türkisch: *cuma namazı*) besteht aus 10 Gebetseinheiten: 4 ersten Sunna-Einheiten, 2 Fard-Einheiten und 4 letzten Sunna-Einheiten.

Das Totengebet (arabisch: *salâtu l-dschenâ'iz*, türkisch: *cenaze namazı*) ist eine Kollektivpflicht(arabisch: *fard kifaye*, türkisch: *farz-ı kifaye*): Dieser ist damit Genüge getan, wenn einige aus der Gemeinde dieser Pflicht nachkommen.

b) Wâdschib-Gebete

Zu den Wâdschib-Gebeten zählen folgende:

1. **Das Witr-Gebet** (nach dem Nachtgebet): 3 Einheiten
2. **Das Gebet zum Ramadan-Fest**: 2 Einheiten
3. **Das Gebet zum Opfer-Fest**: 2 Einheiten

c) Nâfile-Gebete
(deutsch: freiwillige Gebete)

Alle Gebete außer den Fard- und den Wâdschib-Gebeten gehören in die Kategorie der Nâfile-Gebete. Diese werden wiederum in zwei Gruppen unterteilt. Wir unterscheiden:

1. Nâfile-Gebete im Rahmen der Fard-Gebete
Zu diesen gehören alle Sunna-Einheiten vor und nach den Fard-Teilen sowie das Terâwîh-Gebet im Ramadan, das zur Sunna mu'ekkede gehört.

2. Nâfile-Gebete außerhalb der Fard-Gebete
Die sogenannten wünschenswerten bzw. empfehlenswerten Gebete. Hierbei handelt es sich um zusätzliche Gebete, die zu bestimmten Zeiten verrichtet werden und hier als besonders verdienstvoll gelten. So z.B.:

a) **Das Gebet am Vormittag** (arabisch: *salâtu d-duhâ*, türkisch: *kuşluk namazı*): Ein Gebet in 2 bis 12 Gebetseinheiten ca. 45-50 Minuten nach dem Sonnenaufgang, nachdem die als verpönt geltende Zeit überschritten ist.

b) **Das Teheddschud Gebet:** Ein Gebet nach Mitternacht in 2 bis 8 Gebetseinheiten.

c) **Das Tahiyyetu l-Mesdschid Gebet:** Ein Gebet in 2 Gebetseinheiten beim Eintritt in eine Moschee (wenn nicht gerade die *verpönte Zeit* ist).

Die Fard-, Wâdschib- und Sunna-Teile der Ritualgebete

Die Fard-Pflichten des Ritualgebets

Das Ritualgebet hat 12 Fard-Pflichten. Hiervon gehören 6 zu den *äußeren Voraussetzungen* des Gebets (arabisch: *schurûtu s-salâh*, türkisch: *namazın şartları*). Diese müssen vor dem Gebet erfüllt werden, um dieses überhaupt antreten zu können. Die anderen 6 gehören zu den inneren Voraussetzungen, auch den Grundelementen des Gebets (arabisch: *erkânu s-salâh*, türkisch: *namazın rükunları*) genannt, die im Gebet erfüllt werden müssen.

Die äußeren Voraussetzungen des Ritualgebets

1. Herstellung der rituellen Reinheit (arabisch: *et-tahâratu mina l-hades*, türkisch: *hadesten taharet*): Die (Wieder-)Herstellung der rituellen Reinheit nach einem Vorfall, der diese aufgehoben hat, durch die Durchführung der Gebetswaschung bzw. der Ganzkörperwaschung.

2. Reinigung von rituell Verunreinigendem (arabisch: *et-tahâra mina n- nedschâse*, türkisch: *necasetten taharet*): Wer das Ritualgebet verrichten will, muss sich, d.h. den Körper und die Kleidung, aber auch den Ort, an dem er beten will, zunächst von rituell verunreinigendem Schmutz befreien.

3. Die Bedeckung des Körpers (arabisch: *setru l-'awra*, türkisch: *setr-i avret)***:** Bei den Männern ist der Bereich zwischen Bauchnabel und Knien zu bedecken und bei Frauen muss alles außer Gesicht, Händen und Füßen bedeckt sein.

4. Die Ausrichtung nach Mekka (arabisch: *istiqbalu l-qibla*, türkisch: *istikbal-i kıble*)**:** Für das Gebet stellen sich die Gläubigen in Richtung der Kaaba auf.

5. Die Zeit (arabisch: *vaqt*, türkisch: *vakit*)**:** Die Gebete müssen in der jeweils hierfür vorgegebenen Zeit verrichtet werden. Ein vorzeitiges Verrichten, d.h. vor Eintritt der Zeit, ist nicht zulässig.

6. Die Absichtsfassung (arabisch: *niyye*, türkisch: *niyet*)**:** Der Gläubige stellt sich innerlich auf das Gebet der jeweiligen Tageszeit ein und fasst innerlich die Absicht für die Verrichtung des jeweiligen Gebets. Sunna ist es, die Absicht auch hörbar auszusprechen.

Die inneren Voraussetzungen des Ritualgebets

1. Der Eröffnungs-Tekbîr (arabisch: *tekbîru l-iftitâh*, türkisch: *iftitâh tekbiri*)**:** Einleitend zum Gebet spricht man *Allâhu ekber (Gott ist am größten)*.

2. Das Stehen (arabisch: *qiyâm,* türkisch: *kıyam*)**:** Das Stehen im Gebet.

3. Das Rezitieren (arabisch: *qirâ'a*, türkisch: *kıraat*)**:** Im Stehen muss aus dem Koran rezitiert werden.

4. Die Verbeugung (arabisch: *rukû*, türkisch: *rüku*)**:** Der Gläubige verbeugt sich im Gebet so weit, dass er in dieser Verbeugung mit den Händen seine Knie umfassen kann.

5. Die Niederwerfung (arabisch: *sudschûd,* türkisch: *sücud*)**:** Nach der Verbeugung wirft man sich nieder, indem man, gestützt auf Hände, Füße und Knie, die Stirn auf den Boden legt.

6. Das abschließende Sitzen (arabisch: *el-qa'detu l-achîra*, türkisch: *ka'de-i ahire*)**:** Am Ende des Gebets, nachdem man die letzten Niederwerfungen der entsprechenden Gebetseinheit vollzogen hat, sitzt man noch so lange, dass man das *Tahiyyât*-Bittgebet sprechen kann.

Die Wâdschib-Pflichten des Ritualgebets

1. Das Gebet beginnt mit dem *Tekbîr* (den Worten *Allâhu ekber*).

2. In den ersten beiden Gebetseinheiten der Pflichtgebete und bei jeder Gebetseinheit der freiwilligen Gebete wird die *Fâtiha* rezitiert.

3. In den ersten beiden Gebetseinheiten der Pflichtgebete, sowie in jeder Gebetseinheit der *Witr*- und der freiwilligen Gebete werden nach der *Fâtiha* eine weitere kurze Sure oder einige Koranverse rezitiert.

4. Die *Fâtiha* wird zunächst rezitiert.

5. Bei der Niederwerfung berühren die Stirn und auch die Nase den Boden.

6. Bei Gebeten mit drei oder vier Gebetseinheiten wird sich nach der zweiten Gebetseinheit gesetzt, bevor man sich zur dritten Einheit aufrichtet. Dies ist im Unterschied zum abschließenden Sitzen das so genannte *erste Sitzen* (arabisch: *el-qa'detu l-ûlâ*, türkisch: *ka'de-i ûlâ*).

7. Beim ersten und beim abschließenden Sitzen wird das *Tahiyyât*-Gebet rezitiert.

8. Der Imam spricht bei den gemeinsam verrichteten Gebeten die *Fâtiha* und eine weitere Sure in allen Gebetseinheiten des Morgen-, Freitags-, Festtags-, *Terâwîh*- und des *Witr*-Gebets, sowie in den ersten beiden Gebetseinheiten des Abend- und des Nachtgebets laut, im Mittags- und Nachmittagsgebet jedoch lautlos.

9. Die Gemeinde, die das Gebet hinter dem Imam verrichtet, spricht die *Fâtiha* und die weitere Sure nicht mit (auch nicht lautlos), sondern sie schweigt.

10. Im *Witr*-Gebet werden in der dritten Einheit das zusätzliche *Tekbîr* und danach die „*Qunût*-Bittgebete" gesprochen.

11. Bei den Festtagsgebeten werden die zusätzlichen *Tekbîrât (Pl. zu Tekbîr)* gesprochen.

12. Die einzelnen Bewegungsabläufe und Grundelemente des Ritualgebets werden wie oben beschrieben eingehalten und diese Schritte in gebührender Ruhe ausgeführt: Beim Stehen, in der Verbeugung und in der Niederwerfung wird so lange innegehalten, dass alle Körperteile zur Ruhe kommen. Man steht still. Beim Aufrichten aus der Verbeugung gibt es keine Eile. Man richtet sich in Ruhe so auf, dass man wieder gerade steht und der Körper wieder ganz hochgestreckt ist. Dabei bleibt man so lange im Stand aufrecht, dass man dabei „*subhânallâh*" sagen kann. Dies gilt auch für das kurze Aufrichten und Sitzen zwischen zwei Niederwerfungen. Auch hier bleibt man solange sitzen, dass man „*subhânallâh*" sagen kann.

13. Am Ende des Gebets wird nach rechts und nach links über die Schulter der Gruß „*es-selâmu aleykum we-rahmetullah*" gesprochen.

14. Wenn man beim Gebet einen Fehler gemacht hat, z.B einen der *Erkân* oder der *Wâdschib-Pflichten* verzögert, einen der *Wâdschib-Pflichten* vergisst und auslässt, so muss zur Korrektur dessen am Ende des Gebets eine *zusätzliche Niederwerfung* (arabisch: *sedschdetu s-sehw,* türkisch: *sehiv secdesi)* durchgeführt werden. Anders sieht es aus, wenn man eine der *Wâdschib-Pflichten* absichtlich auslässt. In diesem Fall ist das ganze Gebet zu wiederholen.

Die Sunna des Ritualgebets

Folgende Verhaltensweisen sind Sunna:

1. Es werden bei jedem *Eröffnungstekbîr* sowie beim *Tekbîr* vor den *Qunût*-Bittgebeten zum *Witr*-Gebet die Hände erhoben, genauso bei den zusätzlichen *Tekbîrât* zu den Festtagsgebeten (Männer erheben die Hände in Höhe des Ohrläppchens, Frauen bis zu den Schultern).

2. Bei den Männern wird vor den täglichen Ritualgebeten wie zum Freitagsgebet der Gebetsruf (arabisch: *ezân*, türkisch: *ezan*) gerufen. Zum unmittelbaren Beginn des Gebetes wird noch einmal mit dem *iqâma* (türkisch: *Kamet*) aufgerufen.

3. Man spricht das *Subhâneke*-Bittgebet.

4. Die *E'ûzu-Besmele* wird nach dem *Subhâneke*-Bittgebet in der ersten Gebetseinheit aufgesagt und in den anderen Gebetseinheiten wird die Besmele vor dem Rezitieren der *Fâtiha* gesprochen.

5. Das *Subhâneke*-Bittgebet, die *E'ûzu-Besmele* und die Besmele werden lautlos gesprochen.

6. Bei den Pflichtgebeten, die aus drei oder vier Gebetseinheiten bestehen, wird die *Fâtiha* in den dritten und vierten Gebetseinheiten rezitiert.

7. Nach der *Fâtiha* sagen der Imam und die Gemeinde lautlos „Âmîn".

8. Alle anderen *Tekbîrât* außer dem *Eröffnungs-Tekbîr* sind Sunna.

9. Man spricht beim Aufrichten aus der Verbeugung die Formel *semi'allâhu limen hamideh* (deutsch: *Allah hört den, der Ihn dankend lobt.*) und danach *Rabbenâ* lekelhamd (deutsch: *Unser Herr, Lob und Dank gehören Dir.*).

10. In der Verbeugung spricht man dreimal die Formel *subhâne rabbiyel'azîm* (deutsch: *Mein erhabener Herr ist fern von jeglicher Unvollkommenheit.*) und in der Niederwerfung (mit Stirn und Nase den Boden berührend) *subhâne rabbiyel-a'lâ* (deutsch: *Mein höchster Herr ist fern von jeglicher Unvollkommenheit.*).

11. Im Stehen (arabisch: *qiyâm)*stehen die Füße vier Finger breit auseinander.

12. In der Verbeugung umfassen die Hände die Knie, wobei die Finger gespreizt sind. Frauen umfassen ihre Knie nicht, sie legen lediglich die Hände auf ihre Knie.

13. In der Verbeugung werden die Knie und die Ellbogen durchgedrückt. Frauen drücken die Knie nicht durch, sondern halten sie etwas gebeugt.

14. Für die Niederwerfung geht man zunächst mit den Knien auf den Boden, dann werden die Hände aufgesetzt und schließlich die Stirn und die Nase. Beim Wiederaufrichten verfährt man umgekehrt: Zuerst werden Stirn und Nase, dann die Hände, die in der Sitzposition auf die Knie gelegt werden, vom Boden gehoben. Die Zehen werden aufgesetzt, sodass sie in Richtung *Qibla* gerichtet sind.

15. Beim Sitzen werden die Hände auf die Beine (kurz vor die Knie) gelegt.

16. Beim Sitzen wird der linke Fuß, auf den man sich dann setzt, auf den Boden gelegt. Der rechte Fuß wird mit den Zehen auf den Boden aufgesetzt.

17. Beim letzten Sitzen werden nach dem *Tahiyyât*-Bittgebet die *Allâhumme-salli-* und *Allâhumme-bârik*-Bittgebete gesprochen.

18. Abschließend wird der Gruß zunächst zur rechten, dann zur linken Seite gesprochen

19. und das Gebet mit den Worten: *es-selâmu 'aleykum we rahme-*

tullâh beendet.

Es gehört weiterhin zu den feinen Sitten, den ***âdâb* des Ritualgebets**, während des Gebets die Augen auf einen bestimmten Punkt zu fixieren. Im Stehen ist dies der Ort, auf den wir bei der Niederwerfung die Stirn setzen, in der Verbeugung sind es unsere Füße, beim Sitzen die Beine, in der Niederwerfung (mit Stirn und Nase auf dem Boden) die Nasenflügel und beim abschließenden Gruß die Schultern.

Der Gebetsruf

(arabisch: *ezân*, türkisch: *ezan*)

Wenn der Gebetsruf gerufen wird, so sollte man diesem zuhören. In der islamischen Tradition gilt dies als wünschenswert (*mustehâb*). Die Worte des Muezzins sind dabei Wort für Wort nachzusprechen. Lediglich wenn es dann *hayye 'ala s-salâh* und *hayye 'ala l-felâh* heißt, spricht der Gläubige: *lâ hawle we lâ quwwete illâ billâhi l-'aliyyi l-'azîm* (deutsch: *Nur der erhabene, höchste Allah besitzt die absoulute Kraft und Macht.*)

Zum Ende des Gebetsrufs sprechen wir dann *salât* und *selâm* (Arabisch: *allahumme salli ve sellim alâ rasûlinâ Muhammed)* auf den :Propheten Muhammed (s) und abschließend folgendes Gebet

اللّٰهُمَّ رَبَّ هٰذِهِ الدَّعْوَةِ التَّامَّةِ وَالصَّلٰوةِ الْقَائِمَةِ اٰتِ مُحَمَّدًا الْوَسِيلَةَ وَالْفَضِيلَةَ
وَابْعَثْهُ مَقَامًا مَحْمُودًا الَّذِى وَعَدْتَهُ

Allâhumme rabbe hâzihî d-da'weti t-tâmme, we-salâti
l-qâ'ime âti muhammedeni l-wesilete wel-fadîlete
web'ashu maqâman mahmûdeni llezî we'adteh

O Allah, Herr dieses vollendeten Aufrufs und des
bevorstehenden Ritualgebets, gib Muhammed Rang und
Stellung. Und erhöhe ihn auf den rühmlichen Rang eines
Fürsprechers, den Du ihm versprochen hast.

Folgende Frohbotschaft ist zum *Ezan*-Gebet von unserem Propheten (s) überliefert:

„Wer am Ende des Ezans dieses Gebet spricht, für den werde ich am Tage des Jüngsten Gerichts Fürsprache einlegen.“[18]

Der Ezân *(Gebetsruf)*	**Die Iqâma** *(Aufforderung zum Gebet)*
Allâhu ekber, Allâhu ekber	*Allâhu ekber, Allâhu ekber*
Allâhu ekber, Allâhu ekber	*Allâhu ekber, Allâhu ekber*
Eschhedu ellâ ilâhe illallâh	*Eschhedu ellâ ilâhe illallâh*
Eschhedu ellâ ilâhe illallâh	*Eschhedu ellâ ilâhe illallâh*
Eschhedu enne muhammeder rasûlullâh	*Eschhedu enne muhammeder rasûlullâh*
Eschhedu enne muhammeder rasûlullâh	*Eschhedu enne muhammeder rasûlullâh*
Hayye ′ala s-salâh, hayye ′ala s-salâh	*Hayye ′ala s-salâh, hayye ′ala s-salâh*
Hayye ′ala l-felâh, hayye ′ala l-felâh	*Hayye ′ala l-felâh, hayye ′ala l-felâh*
[Es-salâtu chayrum mine n-newm	*Qad qâmeti s-salâh*
Es-salâtu chayrum mine n-newm] *	*Qad qâmeti s-salâh*
Allâhu ekber, Allâhu ekber	*Allâhu ekber, Allâhu ekber*
Lâ ilâhe illallâh	*Lâ ilâhe illallâh*

Durchführung des Ritualgebets

Im Folgenden soll die Durchführung aller fünf Gebete ausführlich erklärt werden. Exemplarisch wird in Bildern zunächst der Sunna-Teil des Morgengebets erklärt.

Das Morgengebet

(arabisch: *salatu l-fedschr,* türkisch: *sabah namazı)*

Die Durchführung des Sunna-Teils in Bildern

Die erste Gebetseinheit:

1.) Wir stellen uns zunächst zum Gebet auf, mit den Zehen in Richtung der *Qibla* und die Füße vier Finger breit auseinander.

2.) Als Nächstes fassen wir die Absicht für das jeweilige Gebet bzw.

* Dieser Zusatz wird nur beim Morgengebet hinzugefügt.

18 Riyâdu s-Sâlihîn, Bd. 2, S. 371.

den jeweiligen Gebetsabschnitt. In diesem Fall: „Ich fasse hiermit die Absicht, für Allahs Wohlgefallen den Sunna-Teil des heutigen Morgengebets zu verrichten."

3.) Das Gebet beginnt mit dem *Eröffnungstekbîr*. Wir erheben hierfür die Hände und sprechen *Allâhu ekber*.

Bild 1:

Männer erheben ihre Hände beim *Tekbîr* bis zu den Ohrläppchen (die Daumen müssen in Höhe der Ohrläppchen reichen). Die Handinnenflächen zeigen in Richtung der Qibla. Die Finger sind normal, nicht übermäßig gespreizt.

Bild 2:

Frauen erheben ihre Hände beim *Tekbîr* in Höhe ihrer Schultern. Die Handinnenflächen zeigen in Richtung der Qibla. Die Finger sind normal, nicht übermäßig gespreizt.

4.) Nach dem *Tekbîr* werden die Hände übereinander gelegt und der Blick fixiert die Stelle der Niederwerfung.

Bild 3:

Männer legen die rechte Hand auf die linke Hand, und setzen sie - die Hände dann derart zusammengelegt - unter dem

Bauchnabel auf. Daumen und kleiner Finger der rechten Hand umfassen dabei das Gelenk der linken Hand.

Bild 4:

Frauen legen die rechte Hand auf die linke und beide zusammen auf die Brust. Die Finger bleiben beisammen, sie umfassen das Handgelenk nicht.

5.) Im *Stehen* (arabisch: *qiyâm*, türkisch: *kıyam*) sprechen wir der Reihe nach:

- das *Subhâneke*-Bittgebet
- die *E'ûzu-Besmele*
- die *Fâtiha*
- eine weitere Sure (eine kurze Sure bzw. einen längeren Koranvers oder mehrere kürzere Koranverse)

6.) Mit einem *Tekbîr* (d.h. wir sagen: Allahu Ekber), d.h. mit den Wörten *Allahu Ekber,* begeben wir uns dann aus dem Stand in die *Verbeugung* (arabisch: *rukû',* türkisch: *rüku*). Hier sprechen wir dreimal *subhâne rabbiyel'azîm* (deutsch: *Mein erhabener Herr ist fern von jeglicher Unvollkommenheit*). In der Verbeugung blicken wir auf unsere Füße.

Bild 5:

Männer umfassen in der Verbeugung mit ihren Händen ihre Knie und strecken ihren Rücken gerade durch, bilden mit diesem einen rechten Winkel. Knie und Ellbogen sind durchgedrückt.

Bild 6:
Frauen verbeugen sich weniger als die Männer. Die Knie werden nicht umfasst wie bei den Männern, die Hände werden lediglich auf die Knie gelegt. Diese sind zudem nicht durchgedrückt, sondern etwas in der Beuge.

7.) Wir erheben uns aus der Verbeugung mit den Worten *semi'allâhu limen hamideh* (deutsch: *Allah hört den; der Ihn dankend lobt.*) und wenn wir dann wieder gerade stehen, sprechen wir *Rabbenâ lekelhamd (*deutsch: *Unser Herr, Lob und Dank gebühren Dir)*.

Bild 7:
Wenn die **Männer** sich dann aus der Verbeugung erhoben haben und wieder stehen.

Bild 8:
Wenn die **Frauen** sich dann aus der Verbeugung erhoben haben und wieder stehen.

8.) Mit einem *Allâhu ekber* werfen wir uns nun nieder. Zunächst setzen wir hierbei unsere Knie auf, dann die Hände und zum Schluss Stirn und Nase. Der Kopf wird zwischen den

Händen aufgelegt. Die Füße müssen dabei auf dem Boden bleiben und die Zehen müssen mit dem Boden in Berührung stehen. Der Blick richtet sich auf die Nasenflügel. In dieser Position sprechen wir dreimal *subhâne rabbiyel-a'lâ*.

Bild 9:
Männer drehen ihre Ellbogen in der Niederwerfung nach außen ab und halten die Ellbogen in der Luft, legen diese nicht auf den Boden auf. Sie setzen ihre Zehen auf den Boden und richten die Fußballen ansonsten auf. Die Zehen zeigen hierbei in Richtung der Qibla.

Bild 10:
Frauen legen ihre Arme in der Niederwerfung an den Rumpf an. Sie setzen ihre Zehen auf den Boden und richten den Fuß ansonsten auf. Die Zehen zeigen hierbei in Richtung der *Qibla*.

9.) Mit einem *Allâhu ekber* richten wir uns dann wieder aus der Niederwerfung auf und setzen uns kniend hin. Die Hände legen wir hierbei auf die Beine, die Fingerspitzen berühren die Knie. Der Blick richtet sich auf die Beine. Wir verbleiben in diesem Sitz für eine kurze Weile (so lange, dass wir *subhânallâh* sagen können).

Bild 11:
Männer legen hierbei ihren linken Fuß auf den Boden und setzen sich auf ihn. Die Zehen des rechten Fußes werden in Richtung der *Qibla* hinten aufgesetzt und der Fuß ansonsten aufgerichtet.

Bild 12:
Frauen lassen beim Sitzen ihre Füße zur rechten Seite herausschauen.

10.) Mit einem *Allâhu ekber* machen wir eine zweite Niederwerfung und sprechen hier wieder dreimal *subhâne rabbiyel-a'lâ.*

11.) Mit einem Allâhu ekber richten wir uns auf zur zweiten Gebetseinheit und legen die Hände flach übereinander wie im ersten Durchlauf.

Die zweite Gebetseinheit:

1.) Im *Stehen* sprechen wir der Reihe nach:
- die *Besmele*

- die *Fâtiha*
- eine weitere Sure

2.) Genau wie in der ersten Gebetseinheit gehen wir auch hier wieder mit einem *Allâhu ekber* in die Verbeugung und sprechen hier dreimal *subhâne rabbiyel'azîm.*

3.) Wir erheben uns aus der Verbeugung mit den Worten *semi'allâhu limen hamideh* und wenn wir dann wieder stehen, sprechen wir *Rabbenâ lekel-hamd.*

4.) Mit einem *Allâhu ekber* werfen wir uns nun nieder. Hier sprechen wir wieder dreimal *subhâne rabbiye l-a'lâ.*

5.) Mit einem *Allâhu ekber* richten wir uns aus der Niederwerfung auf und setzen uns für eine kurze Weile (so lange, dass wir *subhânallâh* sagen können).

Bild 13:
Männer beim Sitzen zwischen zwei Niederwerfungen

Bild 14:
Frauen beim Sitzen zwischen zwei Niederwerfungen

6.) Mit einem *Allâhu ekber* gehen wird dann in die zweite Niederwerfung und sprechen hier wieder dreimal *subhâne rabbiyel-a'lâ.*

7.) Mit einem *Allâhu ekber* richten wir uns dann wieder von der Niederwerfung auf und setzen uns. Beim Sitzen legen wir die Hände auf die Beine. Die Fingerspitzen berühren die Knie. Der Blick richtet sich auf die Beine.

8.) Beim Sitzen sprechen wir der Reihe nach:
- das *Tahiyyât*-Bittgebet
- das *Allâhumme-salli-* und
- das *Allâhumme-bârik*
- das *Rabbenâ-âtinâ* und das *Rabbenâ-'ghfirlî*

9.) Wir sprechen abschließend zur rechten Seite den Gruß „*es-selâmu 'aleykum we rahmetullâh*" und blicken dabei auf unsere Schulter.

Bild 15:
Männer beim Grüßen zur rechten Seite

Bild 16:
Frauen beim Grüßen zur rechten Seite

10.) Dasselbe dann auch zur linken Seite: Wir sprechen auch hier den Gruß mit einem „*es-selâmu 'aleykum we rahmetullâh*" und blicken dabei auf unsere Schulter.

Bild 17:
Männer beim Grüßen zur linken Seite

Bild 18:
Frauen beim Grüßen zur linken Seite

Der Pflicht-Teil des Morgengebetes

Die erste Gebetseinheit

- Unmittelbar vor dem Gebet wird die *iqâme* ausgerufen (bei Männern).
- Als Nächstes fassen wir die Absicht zum Gebet: „Ich fasse hiermit die Absicht, für Allahs Wohlgefallen den Pflichtteil des heutigen Morgengebetes zu verrichten."
- Nach dem *Eröffnungstekbîr* legen die Hände flach übereinander.
- Im Stehen sprechen wir der Reihe nach: das *Subhâne-*

ke-Bittgebet, die *E'ûzu-Besmele*, die *Fâtiha* und eine weitere Sure oder mindestens drei Verse.

- Mit einem *Allâhu ekber* begeben wir uns in die Verbeugung und sprechen hier dreimal *subhâne rabbiyel'azîm*.
- Wir richten uns dann wieder auf mit einem *semi'allâhu limen hamideh* und sprechen, wenn wir dann wieder gerade stehen, *Rabbenâ leke l-hamd*.
- Mit einem *Allâhu ekber* machen wir jetzt die erste Niederwerfung und sprechen hier dreimal *subhâne rabbiye l-a'lâ*.
- Mit einem *Allâhu ekber* richten wir uns auf und setzen uns kurz, so dass man Subhanallah sagen sagen könnte.
- Wieder mit einem *Allâhu ekber* machen wir jetzt die zweite Niederwerfung und sprechen hier wieder dreimal *subhâne rabbiye l-a'lâ*.
- Mit einem *Allâhu ekber* stehen wir wieder auf, legen die Hände flach übereinander stellen uns auf für die zweite Gebetseinheit.

Die zweite Gebetseinheit

- Im Stehen sprechen wir der Reihe nach: die Besmele, die *Fâtiha* und eine weitere Sure oder mindestens drei Verse.
- Mit einem *Allâhu ekber* begeben wir uns in die Verbeugung und sprechen hier dreimal *subhâne rabbiye l'azîm*.
- Wir richten uns dann wieder auf mit einem *semi'allâhu limen hamideh* und sprechen, wenn wir dann wieder gerade stehen, *Rabbenâ leke l-hamd*.
- Mit einem *Allâhu ekber* machen wir jetzt die erste Niederwerfung und sprechen hier dreimal *subhâne rabbiye l-a'lâ*.
- Mit einem *Allâhu ekber* richten wir uns auf und setzen uns.
- Wieder mit einem *Allâhu ekber* machen wir jetzt die zweite Niederwerfung und sprechen hier wieder dreimal *subhâne rabbiyel-a'lâ*.
- Mit einem *Allâhu ekber* richten wir uns wieder auf und setzen uns.
- Im Sitzen sprechen wir der Reihe nach: das *Tahiyyât-*, das *Allâhumme-salli-* und das *Allâhumme-bârik-*, das *Rabbenâ-âtinâ-* und das *Rabbenâ-'ghfirlî*-Bittgebet.

- Mit einem *es-selâmu 'aleykum we rahmetullâh* grüßen wir jeweils über die rechte und die linke Schulter.

Danach sprechen wir *Allâhumme ente s-selâm we minke s-selâm. Tebârakte yâ zeldschelâli wel-ikrâm.*

O Allah, Du bist der Friede und der Friede kommt von Dir. Gesegnet bist Du, o Herr voller Erhabenheit und Ehre.

Das abschließende Gebet

Wir erheben unsere Hände in Höhe der Brust, öffnen sie in Richtung Himmel, mit den Handinnenflächen zu uns selbst gewandt. Die Hände sind leicht von uns weg geneigt.

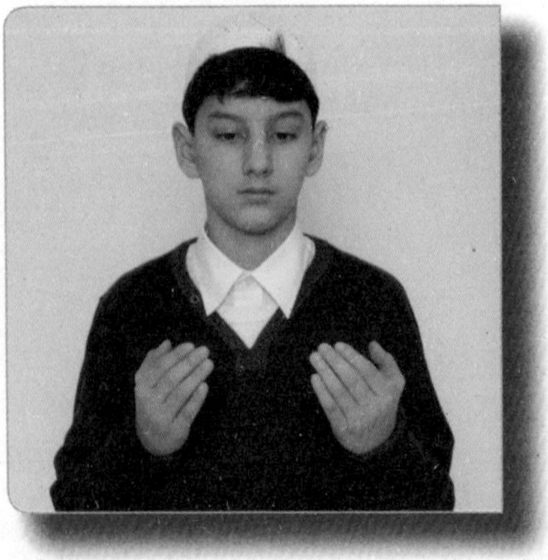

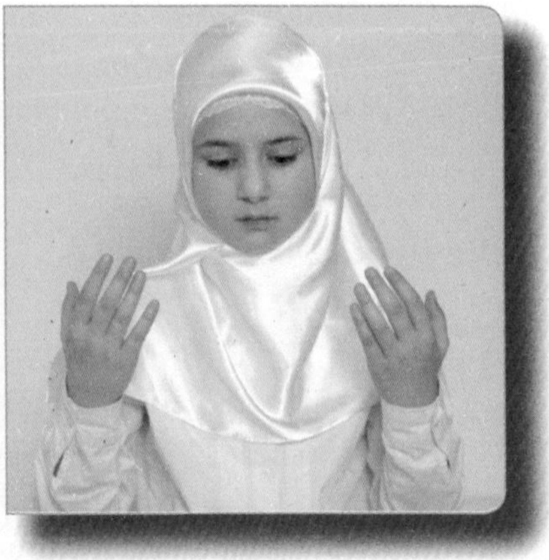

Bild 34:

Männer beim abschließenden Gebet

Frauen beim abschließenden Gebet

Das Mittagsgebet

(arabisch: *zuhr*, türkisch: *öğle namazı*)

Das Mittagsgebet besteht aus 10 Gebetseinheiten: 4 Gebetseinheiten gehören zur ersten Sunna, 4 Gebetseinheiten zum Pflicht-Teil und 2 Gebetseinheiten zur letzten Sunna.

Der erste Sunna-Teil des Mittagsgebets

Die erste Gebetseinheit

- Wir fassen zunächst die Absicht: „Ich fasse hiermit die Absicht, für Allah den ersten Sunna-Teil des heutigen Mittagsgebets zu verrichten."
- Nach dem *Eröffnungstekbîr* legen wir die Hände flach übereinander.
- Im Stehen sprechen wir der Reihe nach: das *Subhâneke*-Bittgebet, die *E'ûzu-Besmele*, die *Fâtiha* und eine weitere Sure oder mindestens drei Verse.
- Mit einem *Allâhu ekber* begeben wir uns in die Verbeugung und sprechen hier dreimal *subhâne rabbiyel'azîm.*
- Wir richten uns dann wieder auf mit einem *semi'allâhu limen hamideh* und sprechen, wenn wir dann wieder gerade stehen, *Rabbenâ leke l-hamd.*
- Mit einem *Allâhu ekber* machen wir jetzt die erste Niederwerfung und sprechen hier dreimal *subhâne rabbiyel-a'lâ.*
- Mit einem *Allâhu ekber* richten wir uns auf und setzen uns kurz.
- Wieder mit einem *Allâhu ekber* machen wir jetzt die zweite Niederwerfung und sprechen hier wieder dreimal *subhâne rabbiyel-a'lâ.*
- Mit einem *Allâhu ekber* stehen wir wieder auf, stellen uns auf für die zweite Gebetseinheit und legen die Hände flach übereinander.

Die zweite Gebetseinheit

- Im Stehen sprechen wir der Reihe nach: die Besmele, die *Fâtiha* und eine weitere Sure oder mindestens drei Verse.
- Mit einem *Allâhu ekber* begeben wir uns in die Verbeugung und sprechen hier dreimal *subhâne rabbiyel'azîm.*
- Wir richten uns dann wieder auf mit einem *semi'allâhu limen hamideh* und sprechen, wenn wir dann wieder gerade stehen, *Rabbenâ lekelhamd.*
- Mit einem *Allâhu ekber* machen wir jetzt die erste Niederwerfung und sprechen hier dreimal *subhâne rabbiyel-a'lâ.*

- Mit einem *Allâhu ekber* richten wir uns auf und setzen uns kurz.
- Wieder mit einem *Allâhu ekber* machen wir jetzt die zweite Niederwerfung und sprechen hier wieder dreimal *subhâne rabbiyel-a'lâ*.
- Mit einem *Allâhu ekber* richten wir uns wieder auf und setzen uns. Im Sitzen sprechen wir jetzt nur das *Tahiyyât*-Bittgebet.
- Mit einem *Allâhu ekber* stehen wir auf und legen die Hände flach übereinander zur dritten Gebetseinheit.

Die dritte Gebetseinheit

- Im Stehen sprechen wir der Reihe nach: die Besmele, die *Fâtiha* und eine weitere Sure oder mindestens drei Verse oder mindestens drei Verse.
- Mit einem *Allâhu ekber* begeben wir uns in die Verbeugung und sprechen hier dreimal *subhâne rabbiyel'azîm*.
- Wir richten uns dann wieder auf mit einem *semi'allâhu limen hamideh* und sprechen, wenn wir dann wieder gerade stehen, *Rabbenâ lekelhamd*.
- Mit einem *Allâhu ekber* machen wir jetzt die erste Niederwerfung und sprechen hier dreimal *subhâne rabbiyel-a'lâ*.
- Mit einem *Allâhu ekber* richten wir uns auf und setzen uns kurz.
- Wieder mit einem *Allâhu ekber* machen wir jetzt die zweite Niederwerfung und sprechen hier wieder dreimal *subhâne rabbiyel-a'lâ*.
- Mit einem *Allâhu ekber* stehen wir auf und legen die Hände flach übereinander zur vierten Gebetseinheit.

Die vierte Gebetseinheit

- Im Stehen sprechen wir der Reihe nach: die Besmele, die *Fâtiha* und eine weitere Sure oder mindestens drei Verse.
- Mit einem *Allâhu ekber* begeben wir uns in die Verbeugung und sprechen hier dreimal *subhâne rabbiyel'azîm*.
- Wir richten uns dann wieder auf mit einem *semi'allâhu li-*

men hamideh und sprechen, wenn wir dann wieder gerade stehen, *Rabbenâ lekelhamd.*

- Mit einem *Allâhu ekber* gehen wir jetzt in die erste Niederwerfung und sprechen hier dreimal *subhâne rabbiyel-a'lâ.*
- Mit einem *Allâhu ekber* richten wir uns auf und setzen uns kurz.
- Wieder mit einem *Allâhu ekber* machen wir jetzt die zweite Niederwerfung und sprechen hier wieder dreimal *subhâne rabbiyel-a'lâ.*
- Mit einem *Allâhu ekber* richten wir uns wieder auf und setzen uns.
- Im Sitzen sprechen wir der Reihe nach: *das Tahiyyât-, das Allâhumme-salli-* und *das Allâhumme-bârik-, das Rabbenâ-âtinâ-* und *das Rabbenâghfirlî-Bittgebet.*
- Mit einem *es-selâmu 'aleykum we rahmetullâh* grüßen wir jeweils über die rechte und die linke Schulter.

Der Pflicht-Teil des Mittagsgebets

Die erste Gebetseinheit

- Unmittelbar vor dem Gebet wird die iqâma ausgerufen (bei Männern).
- Als Nächstes fassen wir die Absicht: „Ich fasse hiermit die Absicht, für Allahs Wohlgefallen den Pflicht-Teil des heutigen Mittagsgebets zu verrichten."
- Nach dem *Eröffnungs-Tekbîr* legen die Hände flach übereinander.
- Im Stehen sprechen wir der Reihe nach: das *Subhâneke*-Bittgebet, die *E'ûzu-Besmele*, die *Fâtiha* und eine weitere Sure oder mindestens drei Verse.
- Mit einem *Allâhu ekber* begeben wir uns in die Verbeugung und sprechen hier dreimal *subhâne rabbiyel'azîm.*
- Wir richten uns dann wieder auf mit einem *semi'allâhu limen hamideh* und sprechen, wenn wir dann wieder gerade stehen, *Rabbenâ lekelhamd.*
- Mit einem *Allâhu ekber* machen wir jetzt die erste Niederwerfung und sprechen hier dreimal *subhâne rabbiyel-a'lâ.*

- Mit einem *Allâhu ekber* richten wir uns auf und setzen uns kurz.
- Wieder mit einem *Allâhu ekber* machen wir jetzt die zweite Niederwerfung und sprechen hier wieder dreimal *subhâne rabbiyel-a'lâ*.
- Mit einem *Allâhu ekber* stehen wir auf und legen die Hände flach übereinander zur zweiten Gebetseinheit.

Die zweite Gebetseinheit

- Im Stehen sprechen wir der Reihe nach: die Besmele, die *Fâtiha* und eine weitere Sure oder mindestens drei Verse.
- Mit einem *Allâhu ekber* begeben wir uns in die Verbeugung und sprechen hier dreimal *subhâne rabbiyel'azîm*.
- Wir richten uns dann wieder auf mit einem *semi'allâhu limen hamideh* und sprechen, wenn wir dann wieder gerade stehen, *Rabbenâ lekelhamd*.
- Mit einem *Allâhu ekber* machen wir jetzt die erste Niederwerfung und sprechen hier dreimal *subhâne rabbiyel-a'lâ*.
- Mit einem *Allâhu ekber* richten wir uns auf und setzen uns kurz.
- Wieder mit einem *Allâhu ekber* machen wir jetzt die zweite Niederwerfung und sprechen hier wieder dreimal *subhâne rabbiyel-a'lâ*.
- Mit einem *Allâhu ekber* richten wir uns wieder auf und setzen uns.
- Im Sitzen sprechen wir das *Tahiyyât*-Bittgebet.
- Mit einem *Allâhu ekber* stehen wir auf und legen die Hände flach übereinander zur dritten Gebetseinheit.

Die dritte Gebetseinheit

- Im Stehen sprechen wir der Reihe nach: die Besmele und die *Fâtiha*.
- Mit einem *Allâhu ekber* begeben wir uns in die Verbeugung und sprechen hier dreimal *subhâne rabbiyel'azîm*.
- Wir richten uns dann wieder auf mit einem *semi'allâhu limen hamideh* und sprechen, wenn wir dann wieder gerade

stehen, *Rabbenâ lekelhamd.*

- Mit einem *Allâhu ekber* machen wir jetzt die erste Niederwerfung und sprechen hier dreimal *subhâne rabbiyel-a'lâ.*
- Mit einem *Allâhu ekber* richten wir uns auf und setzen uns kurz.
- Wieder mit einem *Allâhu ekber* machen wir jetzt die zweite Niederwerfung und sprechen hier wieder dreimal *subhâne rabbiyel-a'lâ.*
- Mit einem *Allâhu ekber* stehen wir auf und legen die Hände flach übereinander zur vierten Gebetseinheit.

Die vierte Gebetseinheit

- Im Stehen sprechen wir der Reihe nach: die Besmele und die *Fâtiha.*
- Mit einem *Allâhu ekber* begeben wir uns in die Verbeugung und sprechen hier dreimal *subhâne rabbiyel'azîm.*
- Wir richten uns dann wieder auf mit einem *semi'allâhu limen hamideh* und sprechen, wenn wir dann wieder gerade stehen, *Rabbenâ lekelhamd.*
- Mit einem *Allâhu ekber* machen wir jetzt die erste Niederwerfung und sprechen hier dreimal *subhâne rabbiyel-a'lâ.*
- Mit einem *Allâhu ekber* richten wir uns auf und setzen uns kurz.
- Wieder mit einem *Allâhu ekber* machen wir jetzt die zweite Niederwerfung und sprechen hier wieder dreimal *subhâne rabbiyel-a'lâ.*
- Mit einem *Allâhu ekber* richten wir uns wieder auf und setzen uns.
- Im Sitzen sprechen wir der Reihe nach: das *Tahiyyât-*, das *Allâhumme-salli-* und das *Allâhumme-bârik-*, das *Rabbenâ-âtinâ-* und das *Rabbenâghfirlî*-Bittgebet.
- Mit einem *es-selâmu 'aleykum we rahmetullâh* grüßen wir jeweils über die rechte und die linke Schulter.

Danach sprechen wir *Allâhumme entesselâm we minkesselâm tebârakte yâ zeldschelâli wel-ikrâm* und gehen über zum Sunna-Teil des Mittagsgebets.

Der letzte Sunna-Teil des Mittagsgebets

Die erste Gebetseinheit

- Als Erstes fassen wir die Absicht: „Ich fasse hiermit die Absicht, für Allahs Wohlgefallen den letzten Sunna-Teil des heutigen Mittagsgebets zu verrichten."
- Nach dem *Eröffnungs-Tekbîr* legen die Hände flach übereinander.
- Im Stehen sprechen wir der Reihe nach: das *Subhâneke*-Bittgebet, die *E'ûzu-Besmele*, die *Fâtiha* und eine weitere Sure oder mindestens drei Verse.
- Mit einem *Allâhu ekber* begeben wir uns in die Verbeugung und sprechen hier dreimal *subhâne rabbiyel'azîm.*
- Wir richten uns dann wieder auf mit einem *semi'allâhu limen hamideh* und sprechen, wenn wir dann wieder gerade stehen, *Rabbenâ lekelhamd.*
- Mit einem *Allâhu ekber* machen wir jetzt die erste Niederwerfung und sprechen hier dreimal *subhâne rabbiyel-a'lâ.*
- Mit einem *Allâhu ekber* richten wir uns auf und setzen uns kurz.
- Wieder mit einem *Allâhu ekber* machen wir jetzt die zweite Niederwerfung und sprechen hier wieder dreimal *subhâne rabbiyel-a'lâ.*
- Mit einem *Allâhu ekber* stehen wir wieder auf und stellen uns auf für die zweite Gebetseinheit.

Die zweite Gebetseinheit

- Im Stehen sprechen wir der Reihe nach: die Besmele, die *Fâtiha* und eine weitere Sure oder mindestens drei Verse.
- Mit einem *Allâhu ekber* begeben wir uns in die Verbeugung und sprechen hier dreimal *subhâne rabbiyel'azîm.*
- Wir richten uns dann wieder auf mit einem *semi'allâhu limen hamideh* und sprechen, wenn wir dann wieder gerade stehen, *Rabbenâ lekelhamd.*
- Mit einem *Allâhu ekber* machen wir jetzt die erste Niederwerfung und sprechen hier dreimal *subhâne rabbiyel-a'lâ.*

- Mit einem *Allâhu ekber* richten wir uns auf und setzen uns kurz.
- Wieder mit einem *Allâhu ekber* machen wir jetzt die zweite Niederwerfung und sprechen hier wieder dreimal *subhâne rabbiyel-a'lâ.*
- Mit einem *Allâhu ekber* richten wir uns wieder auf und setzen uns.
- Im Sitzen sprechen wir der Reihe nach: das *Tahiyyât-*, das *Allâhumme-salli-* und das *Allâhumme-bârik-*, das *Rabbenâ-âtinâ-* und das *Rabbenâghfirlî*-Bittgebet.
- Mit einem *es-selâmu 'aleykum we rahmetullâh* grüßen wir jeweils über die rechte und die linke Schulter.

Das Nachmittagsgebet
(arabisch: *asr*, türkisch: *ikindi namazı*)

Das Nachmittagsgebet besteht aus 8 Gebetseinheiten: 4 Gebetseinheiten gehören zum Sunna-Teil und 4 Gebetseinheiten zum Pflicht-Teil.

Der Sunna-Teil des Nachmittagsgebets

Die erste Gebetseinheit

- Wir fassen zunächst die Absicht: „Ich fasse hiermit die Absicht, für Allahs Wohlgefallen den Sunna-Teil des heutigen Nachmittagsgebets zu verrichten."
- Nach dem *Eröffnungs-Tekbîr* legen die Hände flach übereinander.
- Im Stehen sprechen wir der Reihe nach: das *Subhâneke*-Bittgebet, die *E'ûzu-Besmele*, die *Fâtiha* und eine weitere Sure oder mindestens drei Verse.
- Mit einem *Allâhu ekber* begeben wir uns in die Verbeugung und sprechen hier dreimal *subhâne rabbiyel'azîm.*
- Wir richten uns dann wieder auf mit einem *semi'allâhu limen hamideh* und sprechen, wenn wir dann wieder gerade stehen, *Rabbenâ lekelhamd.*
- Mit einem *Allâhu ekber* machen wir jetzt die erste Niederwerfung und sprechen hier dreimal *subhâne rabbiyel-a'lâ.*

- Mit einem *Allâhu ekber* richten wir uns auf und setzen uns kurz.
- Wieder mit einem *Allâhu ekber* machen wir jetzt die zweite Niederwerfung und sprechen hier wieder dreimal *subhâne rabbiyel-a'lâ.*
- Mit einem *Allâhu ekber* stehen wir wieder auf, stellen uns auf für die zweite Gebetseinheit und legen die Hände flach übereinander.

Die zweite Gebetseinheit

- Im Stehen sprechen wir der Reihe nach: die Besmele, die *Fâtiha* und eine weitere Sure oder mindestens drei Verse.
- Mit einem *Allâhu ekber* begeben wir uns in die Verbeugung und sprechen hier dreimal *subhâne rabbiyel'azîm.*
- Wir richten uns dann wieder auf mit einem *semi'allâhu limen hamideh* und sprechen, wenn wir dann wieder gerade stehen, *Rabbenâ lekelhamd.*
- Mit einem *Allâhu ekber* machen wir jetzt die erste Niederwerfung und sprechen hier dreimal *subhâne rabbiyel-a'lâ.*
- Mit einem *Allâhu ekber* richten wir uns auf und setzen uns kurz.
- Wieder mit einem *Allâhu ekber* machen wir jetzt die zweite Niederwerfung und sprechen hier wieder dreimal *subhâne rabbiyel-a'lâ.*
- Mit einem *Allâhu ekber* richten wir uns wieder auf.
- Im Sitzen sprechen wir der Reihe nach: das *Tahiyyât*-, das *Allâhumme-salli*- und das *Allâhumme-bârik*-Bittgebet.
- Mit einem *Allâhu ekber* stehen wir auf und legen die Hände flach übereinander zur dritten Gebetseinheit.

Die dritte Gebetseinheit

- Im Stehen sprechen wir der Reihe nach: das *Subhâneke*-Bittgebet, die *E'ûzu-Besmele*, die *Fâtiha* und eine weitere Sure oder mindestens drei Verse.
- Mit einem *Allâhu ekber* begeben wir uns in die Verbeugung und sprechen hier dreimal *subhâne rabbiyel'azîm.*

- Wir richten uns dann wieder auf mit einem *semi'allâhu limen hamideh* und sprechen, wenn wir dann wieder gerade stehen, *Rabbenâ lekelhamd.*
- Mit einem *Allâhu ekber* machen wir jetzt die erste Niederwerfung und sprechen hier dreimal *subhâne rabbiyel-a'lâ.*
- Mit einem *Allâhu ekber* richten wir uns auf und setzen uns kurz.
- Wieder mit einem *Allâhu ekber* machen wir jetzt die zweite Niederwerfung und sprechen hier wieder dreimal *subhâne rabbiyel-a'lâ.*
- Mit einem *Allâhu ekber* stehen wir auf und legen die Hände flach übereinander zur vierten Gebetseinheit.

Die vierte Gebetseinheit

- Im Stehen sprechen wir der Reihe nach: die Besmele, die *Fâtiḥa* und eine weitere Sure oder mindestens drei Verse.
- Mit einem *Allâhu ekber* begeben wir uns in die Verbeugung und sprechen hier dreimal *subhâne rabbiyel'azîm.*
- Wir richten uns dann wieder auf mit einem semi'allâhu *limen hamideh* und sprechen, wenn wir dann wieder gerade stehen, *Rabbenâ lekelhamd.*
- Mit einem *Allâhu ekber* machen wir jetzt die erste Niederwerfung und sprechen hier dreimal *subhâne rabbiyel-a'lâ.*
- Mit einem *Allâhu ekber* richten wir uns auf und setzen uns.
- Wieder mit einem *Allâhu ekber* machen wir jetzt die zweite Niederwerfung und sprechen hier wieder dreimal *subhâne rabbiyel-a'lâ.*
- Mit einem *Allâhu ekber* richten wir uns wieder auf und setzen uns.
- Im Sitzen sprechen wir der Reihe nach: das *Tahiyyât-*, das *Allâhumme-salli-* und das *Allâhumme-bârik-*, das *Rabbenâ-âtinâ-* und das *Rabbenâghfirlî*-Bittgebet.
- Mit einem *es-selâmu 'aleykum we rahmetullâh* grüßen wir jeweils über die rechte und die linke Schulter.

Der Pflicht-Teil des Nachmittagsgebets

Die erste Gebetseinheit

- Unmittelbar vor dem Gebet wird die iqâma ausgerufen (bei Männern).
- Als Erstes fassen wir die Absicht: „Ich fasse hiermit die Absicht, für Allahs Wohlgefallen den Pflicht-Teil des heutigen Nachmittagsgebets zu verrichten."
- Nach dem *Eröffnungs-Tekbîr* legen die Hände flach übereinander.
- Im Stehen sprechen wir der Reihe nach: das *Subhâneke*-Bittgebet, die *E'ûzu-Besmele*, die *Fâtiha* und eine weitere Sure oder mindestens drei Verse.
- Mit einem *Allâhu ekber* begeben wir uns in die Verbeugung und sprechen hier dreimal *subhâne rabbiyel'azîm*.
- Wir richten uns dann wieder auf mit einem semi'allâhu *limen hamideh* und sprechen, wenn wir dann wieder gerade stehen, *Rabbenâ lekelhamd.*
- Mit einem *Allâhu ekber* machen wir jetzt die erste Niederwerfung und sprechen hier dreimal *subhâne rabbiyel-a'lâ.*
- Mit einem *Allâhu ekber* richten wir uns auf und setzen uns kurz.
- Wieder mit einem *Allâhu ekber* machen wir jetzt die zweite Niederwerfung und sprechen hier wieder dreimal *subhâne rabbiyel-a'lâ.*
- Mit einem *Allâhu ekber* stehen wir auf und legen die Hände flach übereinander zur zweiten Gebetseinheit.

Die zweite Gebetseinheit

- Im Stehen sprechen wir der Reihe nach: die Besmele, die *Fâtiha* und eine weitere Sure oder mindestens drei Verse.
- Mit einem *Allâhu ekber* begeben wir uns in die Verbeugung und sprechen hier dreimal *subhâne rabbiyel'azîm.*
- Wir richten uns dann wieder auf mit einem *semi'allâhu limen hamideh* und sprechen, wenn wir dann wieder gerade stehen, *Rabbenâ lekelhamd.*

- Mit einem *Allâhu ekber* machen wir jetzt die erste Niederwerfung und sprechen hier dreimal *subhâne rabbiyel-a'lâ.*
- Mit einem *Allâhu ekber* richten wir uns auf und setzen uns.
- Wieder mit einem *Allâhu ekber* machen wir jetzt die zweite Niederwerfung und sprechen hier wieder dreimal *subhâne rabbiyel-a'lâ.*
- Mit einem *Allâhu ekber* richten wir uns wieder auf und setzen uns.
- Im Sitzen sprechen wir das *Tahiyyât*-Bittgebet.
- Mit einem *Allâhu ekber* stehen wir auf und legen die Hände flach übereinander zur dritten Gebetseinheit.

Die dritte Gebetseinheit

- Im Stehen sprechen wir der Reihe nach: die Besmele und die *Fâtiha.*
- Mit einem *Allâhu ekber* begeben wir uns in die Verbeugung und sprechen hier dreimal *subhâne rabbiyel'azîm.*
- Wir richten uns dann wieder auf mit einem *semi'allâhu limen hamideh* und sprechen, wenn wir dann wieder gerade stehen, *Rabbenâ lekelhamd.*
- Mit einem *Allâhu ekber* machen wir jetzt die erste Niederwerfung und sprechen hier dreimal *subhâne rabbiyel-a'lâ.*
- Mit einem *Allâhu ekber* richten wir uns auf und setzen uns kurz.
- Wieder mit einem *Allâhu ekber* machen wir jetzt die zweite Niederwerfung und sprechen hier wieder dreimal *subhâne rabbiyel-a'lâ.*
- Mit einem *Allâhu ekber* stehen wir auf und legen die Hände flach übereinander zur vierten Gebetseinheit.

Die vierte Gebetseinheit

- Im Stehen sprechen wir der Reihe nach: die Besmele und die *Fâtiha.*
- Mit einem *Allâhu ekber* begeben wir uns in die Verbeugung und sprechen hier dreimal *subhâne rabbiyel'azîm.*
- Wir richten uns dann wieder auf mit einem *semi'allâhu li-*

men hamideh und sprechen, wenn wir dann wieder gerade stehen, *Rabbenâ lekelhamd.*

- Mit einem *Allâhu ekber* machen wir jetzt die erste Niederwerfung und sprechen hier dreimal *subhâne rabbiyel-a'lâ.*
- Mit einem *Allâhu ekber* richten wir uns auf und setzen uns kurz.
- Wieder mit einem *Allâhu ekber* machen wir jetzt die zweite Niederwerfung und sprechen hier wieder dreimal *subhâne rabbiyel-a'lâ.*
- Mit einem *Allâhu ekber* richten wir uns wieder auf und setzen uns.
- Im Sitzen sprechen wir der Reihe nach: das *Tahiyyât-*, das *Allâhumme-salli-* und das *Allâhumme-bârik-*, das *Rabbenâ-âtinâ-* und das *Rabbenâghfirlî*-Bittgebet.
- Mit einem *es-selâmu 'aleykum we rahmetullâh* grüßen wir jeweils über die rechte und die linke Schulter.

Danach sprechen wir *Allâhumme entesselâm we minkesselâm tebârakte yâ zeldschelâli wel-ikrâm.*

Das Abendgebet

(arabisch: *maghrib*, türkisch: *akşam namazı*)

Das Abendgebet besteht aus 5 Gebetseinheiten: 3 Gebetseinheiten gehören zum Pflicht-Teil und 2 Gebetseinheiten zum Sunna-Teil.

Der Pflicht-Teil des Abendgebets

Die erste Gebetseinheit

- Unmittelbar vor dem Gebet wird die iqâma ausgerufen (bei Männern).
- Als Nächstes fassen wir die Absicht: „Ich fasse hiermit die Absicht, für Allahs Wohlgefallen den Pflicht-Teil des heutigen Abendgebets zu verrichten.“
- Nach dem *Eröffnungs-Tekbîr* legen die Hände flach übereinander.
- Im Stehen sprechen wir der Reihe nach: das *Subhâneke*-Bittgebet, die *E'ûzu-Besmele*, die *Fâtiha* und eine wei-

tere Sure oder mindestens drei Verse.

- Mit einem *Allâhu ekber* begeben wir uns in die Verbeugung und sprechen hier dreimal *subhâne rabbiyel'azîm.*
- Wir richten uns dann wieder auf mit einem *semi'allâhu limen hamideh* und sprechen, wenn wir dann wieder gerade stehen, *Rabbenâ lekelhamd.*
- Mit einem *Allâhu ekber* machen wir jetzt die erste Niederwerfung und sprechen hier dreimal *subhâne rabbiyel-a'lâ.*
- Mit einem *Allâhu ekber* richten wir uns auf und setzen uns kurz.
- Wieder mit einem *Allâhu ekber* machen wir jetzt die zweite Niederwerfung und sprechen hier wieder dreimal *subhâne rabbiyel-a'lâ.*
- Mit einem *Allâhu ekber* stehen wir auf und legen die Hände flach übereinander zur zweiten Gebetseinheit.

Die zweite Gebetseinheit

- Im Stehen sprechen wir der Reihe nach: die Besmele, die *Fâtiha* und eine weitere Sure oder mindestens drei Verse.
- Mit einem *Allâhu ekber* begeben wir uns in die Verbeugung und sprechen hier dreimal *subhâne rabbiyel'azîm.*
- Wir richten uns dann wieder auf mit einem *semi'allâhu limen hamideh* und sprechen, wenn wir dann wieder gerade stehen, *Rabbenâ lekelhamd.*
- Mit einem *Allâhu ekber* machen wir jetzt die erste Niederwerfung und sprechen hier dreimal *subhâne rabbiyel-a'lâ.*
- Mit einem *Allâhu ekber* richten wir uns auf und setzen uns kurz.
- Wieder mit einem *Allâhu ekber* machen wir jetzt die zweite Niederwerfung und sprechen hier wieder dreimal *subhâne rabbiyel-a'lâ.*
- Mit einem *Allâhu ekber* richten wir uns wieder auf und setzen uns.
- Im Sitzen sprechen wir das *Tahiyyât*-Bittgebet.
- Mit einem *Allâhu ekber* stehen wir auf und legen die Hände flach übereinander zur dritten Gebetseinheit.

Die dritte Gebetseinheit

- Im Stehen sprechen wir der Reihe nach: die Besmele und die *Fâtiha.*
- Mit einem *Allâhu ekber* begeben wir uns in die Verbeugung und sprechen hier dreimal *subhâne rabbiyel'azîm.*
- Wir richten uns dann wieder auf mit einem *semi'allâhu limen hamideh* und sprechen, wenn wir dann wieder gerade stehen, *Rabbenâ lekelhamd.*
- Mit einem *Allâhu ekber* machen wir jetzt die erste Niederwerfung und sprechen hier dreimal *subhâne rabbiyel-a'lâ.*
- Mit einem *Allâhu ekber* richten wir uns auf und setzen uns.
- Wieder mit einem *Allâhu ekber* machen wir jetzt die zweite Niederwerfung und sprechen hier wieder dreimal *subhâne rabbiyel-a'lâ.*
- Mit einem *Allâhu ekber* richten wir uns wieder auf und setzen uns.
- Im Sitzen sprechen wir der Reihe nach: das *Tahiyyât-*, das *Allâhumme-salli-* und das *Allâhumme-bârik-*, das *Rabbenâ-âtinâ-* und das *Rabbenâghfirlî*-Bittgebet.
- Mit einem *es-selâmu 'aleykum we rahmetullâh* grüßen wir jeweils über die rechte und die linke Schulter.

Danach sprechen wir *Allâhumme entesselâm we minkesselâm tebârakte yâ zeldschelâli wel-ikrâm* und gehen über zum Sunna-Teil des Abendgebets.

Der Sunna-Teil des Abendgebets

Die erste Gebetseinheit

- Als Erstes fassen wir die Absicht: „Ich fasse hiermit die Absicht, für Allahs Wohlgefallen den Sunna-Teil des heutigen Abendgebets zu verrichten."
- Nach dem *Eröffnungs-Tekbîr* legen die Hände flach übereinander.
- Im Stehen sprechen wir der Reihe nach: das *Subhâneke*-Bittgebet, die *E'ûzu-Besmele*, die *Fâtiha* und eine weitere Sure oder mindestens drei Verse.

- Mit einem *Allâhu ekber* begeben wir uns in die Verbeugung und sprechen hier dreimal *subhâne rabbiyel'azîm.*
- Wir richten uns dann wieder auf mit einem *semi'allâhu limen hamideh* und sprechen, wenn wir dann wieder gerade stehen, *Rabbenâ lekelhamd.*
- Mit einem *Allâhu ekber* machen wir jetzt die erste Niederwerfung und sprechen hier dreimal *subhâne rabbiyel-a'lâ.*
- Mit einem *Allâhu ekber* richten wir uns auf und setzen uns kurz.
- Wieder mit einem *Allâhu ekber* machen wir jetzt die zweite Niederwerfung und sprechen hier wieder dreimal *subhâne rabbiyel-a'lâ.*
- Mit einem *Allâhu ekber* stehen wir wieder auf, und stellen uns auf für die zweite Gebetseinheit.

Die zweite Gebetseinheit:

- Im Stehen sprechen wir der Reihe nach: die Besmele, die *Fâtiha* und eine weitere Sure oder mindestens drei Verse.
- Mit einem *Allâhu ekber* begeben wir uns in die Verbeugung und sprechen hier dreimal *subhâne rabbiyel'azîm.*
- Wir richten uns dann wieder auf mit einem *semi'allâhu limen hamideh* und sprechen, wenn wir dann wieder gerade stehen, *Rabbenâ lekelhamd.*
- Mit einem *Allâhu ekber* machen wir jetzt die erste Niederwerfung und sprechen hier dreimal *subhâne rabbiyel-a'lâ.*
- Mit einem *Allâhu ekber* richten wir uns auf und setzen uns kurz.
- Wieder mit einem *Allâhu ekber* machen wir jetzt die zweite Niederwerfung und sprechen hier wieder dreimal *subhâne rabbiyel-a'lâ.*
- Mit einem *Allâhu ekber* richten wir uns wieder auf und setzen uns.
- Im Sitzen sprechen wir der Reihe nach: das *Tahiyyât-*, das *Allâhumme-salli-* und das *Allâhumme-bârik-*, das *Rabbenâ-âtinâ-* und das *Rabbenâghfirlî*-Bittgebet.
- Mit einem *es-selâmu 'aleykum we rahmetullâh* grüßen wir jeweils über die rechte und die linke Schulter.

Das Nachtgebet
(arabisch: *'ischa*, türkisch: *yatsı namazı*)

Das Nachtgebet besteht aus 10 Gebetseinheiten: 4 Gebetseinheiten gehören zum ersten Sunna-Teil, 4 Gebetseinheiten zum Pflicht-Teil und 2 Gebetseinheiten zum letzten Sunna-Teil.

Der erste Sunna-Teil des Nachtgebets

Die erste Gebetseinheit

- Wir fassen zunächst die Absicht: „Ich fasse hiermit die Absicht, für Allahs Wohlgefallen den ersten Sunna-Teil des heutigen Nachtgebets zu verrichten."
- Nach dem *Eröffnungs-Tekbîr* legen die Hände flach übereinander.
- Im Stehen sprechen wir der Reihe nach: das *Subhâneke*-Bittgebet, die *E'ûzu-Besmele*, die *Fâtiha* und eine Sure oder mindestens drei Verse.
- Mit einem *Allâhu ekber* begeben wir uns in die Verbeugung und sprechen hier dreimal *subhâne rabbiyel'azîm.*
- Wir richten uns dann wieder auf mit einem *semi'allâhu limen hamideh* und sprechen, wenn wir dann wieder gerade stehen, *Rabbenâ lekelhamd.*
- Mit einem *Allâhu ekber* machen wir jetzt die erste Niederwerfung und sprechen hier dreimal *subhâne rabbiyel-a'lâ.*
- Mit einem *Allâhu ekber* richten wir uns auf und setzen uns kurz.
- Wieder mit einem *Allâhu ekber* machen wir jetzt die zweite Niederwerfung und sprechen hier wieder dreimal *subhâne rabbiyel-a'lâ.*
- Mit einem *Allâhu ekber* stehen wir wieder auf, stellen uns auf für die zweite Gebetseinheit und legen die Hände flach übereinander.

Die zweite Gebetseinheit

- Im Stehen sprechen wir der Reihe nach: die Besmele, die *Fâtiha* und eine Sure oder mindestens drei Verse.
- Mit einem *Allâhu ekber* begeben wir uns in die Verbeugung und sprechen hier dreimal *subhâne rabbiyel'azîm.*
- Wir richten uns dann wieder auf mit einem *semi'allâhu limen hamideh* und sprechen, wenn wir dann wieder gerade stehen, *Rabbenâ lekelhamd.*
- Mit einem *Allâhu ekber* machen wir jetzt die erste Niederwerfung und sprechen hier dreimal *subhâne rabbiyel-a'lâ.*
- Mit einem *Allâhu ekber* richten wir uns auf und setzen uns kurz.
- Wieder mit einem *Allâhu ekber* machen wir jetzt die zweite Niederwerfung und sprechen hier wieder dreimal *subhâne rabbiyel-a'lâ.*
- Mit einem *Allâhu ekber* richten wir uns wieder auf.
- Im Sitzen sprechen wir der Reihe nach: das *Tahiyyât-*, das *Allâhumme-salli-* und das *Allâhumme-bârik*-Bittgebet.
- Mit einem *Allâhu ekber* stehen wir auf und legen die Hände flach übereinander zur dritten Gebetseinheit.

Die dritte Gebetseinheit

- Im Stehen sprechen wir der Reihe nach: das *Subhâneke*-Bittgebet, die *E'ûzu-Besmele*, die *Fâtiha* und eine weitere Sure oder mindestens drei Verse.
- Mit einem *Allâhu ekber* begeben wir uns in die Verbeugung und sprechen hier dreimal *subhâne rabbiyel'azîm.*
- Wir richten uns dann wieder auf mit einem *semi'allâhu limen hamideh* und sprechen, wenn wir dann wieder gerade stehen, *Rabbenâ lekelhamd.*
- Mit einem *Allâhu ekber* machen wir jetzt die erste Niederwerfung und sprechen hier dreimal *subhâne rabbiyel-a'lâ.*
- Mit einem *Allâhu ekber* richten wir uns auf und setzen uns kurz.
- Wieder mit einem *Allâhu ekber* machen wir jetzt die zweite Niederwerfung und sprechen hier wieder dreimal *subhâne*

rabbiyel-a'lâ.

- Mit einem *Allâhu ekber* stehen wir auf und legen die Hände flach übereinander zur vierten Gebetseinheit.

Die vierte Gebetseinheit

- Im Stehen sprechen wir der Reihe nach: die Besmele, die *Fâtiha* und eine weitere Sure oder mindestens drei Verse.
- Mit einem *Allâhu ekber* begeben wir uns in die Verbeugung und sprechen hier dreimal *subhâne rabbiyel'azîm.*
- Wir richten uns dann wieder auf mit einem *semi'allâhu limen hamideh* und sprechen, wenn wir dann wieder gerade stehen, *Rabbenâ lekelhamd.*
- Mit einem *Allâhu ekber* machen wir jetzt die erste Niederwerfung und sprechen hier dreimal *subhâne rabbiyel-a'lâ.*
- Mit einem *Allâhu ekber* richten wir uns auf und setzen uns.
- Wieder mit einem *Allâhu ekber* machen wir jetzt die zweite Niederwerfung und sprechen hier wieder dreimal *subhâne rabbiyel-a'lâ.*
- Mit einem *Allâhu ekber* richten wir uns wieder auf und setzen uns.
- Im Sitzen sprechen wir der Reihe nach: das *Tahiyyât-*, das *Allâhumme-salli-* und das *Allâhumme-bârik-*, das *Rabbenâ-âtinâ-* und das *Rabbenâghfirlî*-Bittgebet.
- Mit einem *es-selâmu'aleykum we rahmetullâh* grüßen wir jeweils über die rechte und die linke Schulter.

Der Pflicht-Teil des Nachtgebets

Die erste Gebetseinheit

- Unmittelbar vor dem Gebet wird die iqâma ausgerufen (bei Männern).
- Als Erstes fassen wir die Absicht: „Ich fasse hiermit die Absicht, für Allahs Wohlgefallen den Pflicht-Teil des heutigen Nachtgebets zu verrichten."
- Nach dem *Eröffnungs-Tekbîr* legen die Hände flach übereinander.

- Im Stehen sprechen wir der Reihe nach: das *Subhâneke*-Bittgebet, die *E'ûzu-Besmele*, die *Fâtiha* und eine weitere Sure oder mindestens drei Verse.
- Mit einem *Allâhu ekber* begeben wir uns in die Verbeugung und sprechen hier dreimal *subhâne rabbiyel'azîm*.
- Wir richten uns dann wieder auf mit einem *semi'allâhu limen hamideh* und sprechen, wenn wir dann wieder gerade stehen, *Rabbenâ lekelhamd.*
- Mit einem *Allâhu ekber* machen wir jetzt die erste Niederwerfung und sprechen hier dreimal *subhâne rabbiyel-a'lâ.*
- Mit einem *Allâhu ekber* richten wir uns auf und setzen uns kurz.
- Wieder mit einem *Allâhu ekber* machen wir jetzt die zweite Niederwerfung und sprechen hier wieder dreimal *subhâne rabbiyel-a'lâ.*
- Mit einem *Allâhu ekber* stehen wir auf und legen die Hände flach übereinander zur zweiten Gebetseinheit.

Die zweite Gebetseinheit

- Im Stehen sprechen wir der Reihe nach: die Besmele, die *Fâtiha* und eine Sure oder mindestens drei Verse.
- Mit einem *Allâhu ekber* begeben wir uns in die Verbeugung und sprechen hier dreimal *subhâne rabbiyel'azîm.*
- Wir richten uns dann wieder auf mit einem *semi'allâhu limen hamideh* und sprechen, wenn wir dann wieder gerade stehen, *Rabbenâ lekelhamd.*
- Mit einem *Allâhu ekber* machen wir jetzt die erste Niederwerfung und sprechen hier dreimal *subhâne rabbiyel-a'lâ.*
- Mit einem *Allâhu ekber* richten wir uns auf und setzen uns.
- Wieder mit einem *Allâhu ekber* machen wir jetzt die zweite Niederwerfung und sprechen hier wieder dreimal *subhâne rabbiyel-a'lâ.*
- Mit einem *Allâhu ekber* richten wir uns wieder auf und setzen uns.
- Im Sitzen sprechen wir das *Tahiyyât*-Bittgebet.
- Mit einem *Allâhu ekber* stehen wir auf und legen die Hände flach übereinander zur dritten Gebetseinheit.

Die dritte Gebetseinheit

- Im Stehen sprechen wir der Reihe nach: die Besmele und die *Fâtiha*.
- Mit einem *Allâhu ekber* begeben wir uns in die Verbeugung und sprechen hier dreimal *subhâne rabbiyel'azîm*.
- Wir richten uns dann wieder auf mit einem *semi'allâhu limen hamideh* und sprechen, wenn wir dann wieder gerade stehen, *Rabbenâ lekelhamd*.
- Mit einem *Allâhu ekber* machen wir jetzt die erste Niederwerfung und sprechen hier dreimal *subhâne rabbiyel-a'lâ*.
- Mit einem *Allâhu ekber* richten wir uns auf und setzen uns.
- Wieder mit einem *Allâhu ekber* machen wir jetzt die zweite Niederwerfung und sprechen hier wieder dreimal *subhâne rabbiyel-a'lâ*.
- Mit einem *Allâhu ekber* stehen wir auf und legen die Hände flach übereinander zur vierten Gebetseinheit.

Die vierte Gebetseinheit

- Im Stehen sprechen wir der Reihe nach: die Besmele und die *Fâtiha*.
- Mit einem *Allâhu ekber* begeben wir uns in die Verbeugung und sprechen hier dreimal *subhâne rabbiyel'azîm*.
- Wir richten uns dann wieder auf mit einem *semi'allâhu limen hamideh* und sprechen, wenn wir dann wieder gerade stehen, *Rabbenâ lekelhamd*.
- Mit einem *Allâhu ekber* machen wir jetzt die erste Niederwerfung und sprechen hier dreimal *subhâne rabbiyel-a'lâ*.
- Mit einem *Allâhu ekber* richten wir uns auf und setzen uns kurz.
- Wieder mit einem *Allâhu ekber* machen wir jetzt die zweite Niederwerfung und sprechen hier wieder dreimal *subhâne rabbiyel-a'lâ*.
- Mit einem *Allâhu ekber* richten wir uns wieder auf und setzen uns.
- Im Sitzen sprechen wir der Reihe nach: das *Tahiyyât*-, das

Allâhumme-salli- und das *Allâhumme-bârik-*, das *Rabbenâ-âtinâ-* und das *Rabbenâghfirlî-*Bittgebet.
- Mit einem *es-selâmu 'aleykum we rahmetullâh* grüßen wir jeweils über die rechte und die linke Schulter.

Danach sprechen wir *Allâhumme entesselâm we minkesselâm tebârakte yâ zeldschelâli wel-ikrâm* und gehen über zum Sunna-Teil des Abendgebets.

Der letzte Sunna-Teil des Nachtgebets

Die erste Gebetseinheit

- Als Erstes fassen wir die Absicht: „Ich fasse hiermit die Absicht, für Allahs Wohlgefallen den letzten Sunna-Teil des heutigen Nachtgebets zu verrichten.“
- Nach dem *Eröffnungs-Tekbîr* legen wir die Hände zusammen.
- Im Stehen sprechen wir der Reihe nach: das *Subhâneke-*Bittgebet, die *E'ûzu-Besmele*, die *Fâtiha* und eine weitere Sure oder mindestens drei Verse.
- Mit einem *Allâhu ekber* begeben wir uns in die Verbeugung und sprechen hier dreimal *subhâne rabbiyel'azîm.*
- Wir richten uns dann wieder auf mit einem *semi'allâhu limen hamideh* und sprechen, wenn wir dann wieder gerade stehen, *Rabbenâ lekelhamd.*
- Mit einem *Allâhu ekber* machen wir jetzt die erste Niederwerfung und sprechen hier dreimal *subhâne rabbiyel-a'lâ.*
- Mit einem *Allâhu ekber* richten wir uns auf und setzen uns kurz.
- Wieder mit einem *Allâhu ekber* machen wir jetzt die zweite Niederwerfung und sprechen hier wieder dreimal *subhâne rabbiyel-a'lâ.*
- Mit einem *Allâhu ekber* stehen wir auf und legen die Hände flach übereinander zur zweiten Gebetseinheit.

Die zweite Gebetseinheit

- Im Stehen sprechen wir der Reihe nach: die Besmele, die

Fâtiha und eine Sure oder mindestens drei Verse.

- Mit einem *Allâhu ekber* begeben wir uns in die Verbeugung und sprechen hier dreimal *subhâne rabbiyel'azîm.*
- Wir richten uns dann wieder auf mit einem *semi'allâhu limen hamideh* und sprechen, wenn wir dann wieder gerade stehen, *Rabbenâ lekelhamd.*
- Mit einem *Allâhu ekber* machen wir jetzt die erste Niederwerfung und sprechen hier dreimal *subhâne rabbiyel-a'lâ.*
- Mit einem *Allâhu ekber* richten wir uns auf und setzen uns kurz.
- Wieder mit einem *Allâhu ekber* machen wir jetzt die zweite Niederwerfung und sprechen hier wieder dreimal *subhâne rabbiyel-a'lâ.*
- Mit einem *Allâhu ekber* richten wir uns wieder auf und setzen uns.
- Im Sitzen sprechen wir der Reihe nach: das *Tahiyyât-*, das *Allâhumme-salli-* und das *Allâhumme-bârik-*, das *Rabbenâ-âtinâ-* und das *Rabbenâghfirlî*-Bittgebet.
- Mit einem *es-selâmu 'aleykum we rahmetullâh* grüßen wir jeweils über die rechte und die linke Schulter.

Das Witr-Gebet

Nach dem Nachtgebet folgt noch das *Witr*-Gebet, ein Gebet in drei Gebetseinheiten. Im Unterschied zu den anderen Gebeten geht man hier in der dritten Gebetseinheit nach der *Fâtiha* und einer weiteren Sure nicht gleich in die Verbeugung: Mit einem *Allâhu ekber* erhebt man hier zunächst die Hände wie beim *Eröffnungs-Tekbîr*, legt sie dann wieder zusammen und spricht die *Kunût*-Gebete. Jetzt erst begibt man sich in die Verbeugung. Im Folgenden soll die Durchführung des Witr-Gebets genauer erläutert werden.

Die erste Gebetseinheit:

- Als Erstes fassen wir die Absicht: „Ich fasse hiermit die Absicht, für Allahs Wohlgefallen das heutige Witr-Gebet zu verrichten."
- Nach dem *Eröffnungstekbîr* legen die Hände flach übereinander.

- Im Stehen sprechen wir der Reihe nach: das *Subhâneke*-Bittgebet, die *E'ûzu-Besmele*, die *Fâtiha* und eine Sure oder mindestens drei Verse.
- Mit einem *Allâhu ekber* begeben wir uns in die Verbeugung und sprechen hier dreimal *subhâne rabbiyel'azîm*.
- Wir richten uns dann wieder auf mit einem *semi'allâhu limen hamideh* und sprechen, wenn wir dann wieder gerade stehen, *Rabbenâ lekelhamd*.
- Mit einem *Allâhu ekber* machen wir jetzt die erste Niederwerfung und sprechen hier dreimal *subhâne rabbiyel-a'lâ*.
- Mit einem *Allâhu ekber* richten wir uns auf und setzen uns kurz.
- Wieder mit einem *Allâhu ekber* machen wir jetzt die zweite Niederwerfung und sprechen hier wieder dreimal *subhâne rabbiyel-a'lâ*.
- Mit einem *Allâhu ekber* stehen wir auf und legen die Hände flach übereinander zur zweiten Gebetseinheit.

Die zweite Gebetseinheit

- Im Stehen sprechen wir der Reihe nach: die Besmele, die *Fâtiha* und eine Sure oder mindestens drei Verse.
- Mit einem *Allâhu ekber* begeben wir uns in die Verbeugung und sprechen hier dreimal *subhâne rabbiyel'azîm*.
- Wir richten uns dann wieder auf mit einem *semi'allâhu limen hamideh* und sprechen, wenn wir dann wieder gerade stehen, *Rabbenâ lekelhamd*.
- Mit einem *Allâhu ekber* machen wir jetzt die erste Niederwerfung und sprechen hier dreimal *subhâne rabbiyel-a'lâ*.
- Mit einem *Allâhu ekber* richten wir uns auf und setzen uns.
- Wieder mit einem *Allâhu ekber* machen wir jetzt die zweite Niederwerfung und sprechen hier wieder dreimal *subhâne rabbiyel-a'lâ*.
- Mit einem *Allâhu ekber* richten wir uns wieder auf und setzen uns.
- Im Sitzen sprechen wir das *Tahiyyât*-Bittgebet.
- Mit einem *Allâhu ekber* stehen wir auf und legen die Hände flach übereinander zur dritten Gebetseinheit.

Die dritte Gebetseinheit

- Im Stehen sprechen wir die Besmele, die *Fâtiha* und eine Sure oder mindestens drei Verse.
- Mit einem *Allâhu ekber* erheben wir die Hände und legen die Hände flach übereinander.
- Wir sprechen jetzt die *Qunût*-Gebete. Wer diese nicht auswendig kann, kann stattdessen das *Rabbenâ-âtinâ* sprechen.
- Mit einem *Allâhu ekber* gehen wir in die Verbeugung und sprechen hier dreimal *subhâne rabbiyel'azîm.*
- Wir richten uns dann wieder auf mit einem *semi'allâhu limen hamideh* und sprechen, wenn wir dann wieder gerade stehen, *Rabbenâ lekelhamd.*
- Mit einem *Allâhu ekber* machen wir jetzt die erste Niederwerfung und sprechen hier dreimal *subhâne rabbiyel-a'lâ.*
- Mit einem *Allâhu ekber* richten wir uns auf und setzen uns kurz.
- Wieder mit einem *Allâhu ekber* machen wir jetzt die zweite Niederwerfung und sprechen hier wieder dreimal *subhâne rabbiyel-a'lâ.*
- Mit einem *Allâhu ekber* richten wir uns wieder auf und setzen uns.
- Im Sitzen sprechen wir der Reihe nach: das *Tahiyyât-*, das *Allâhumme-salli-* und das *Allâhumme-bârik-*, das *Rabbenâ-âtinâ-* und das *Rabbenâghfirlî*-Bittgebet.
- Mit einem *es-selâmu 'aleykum we rahmetullâh* grüßen wir jeweils über die rechte und die linke Schulter.

Das tägliche fünfmalige Gebet tabellarisch dargestellt

Die Gebete und die Anzahl der Einheiten					
	Morgen	Mittag	Nachmittag	Abend	Nacht
Sunna	2	4	4	-	4
Fard	2	4	4	3	4
Letzte Sunna	-	2	-	2	2
Witr	-	-	-	-	3
Gesamt	4	10	8	5	13

Tabellarische Darstellung der Gebetsabläufe

Die betroffenen Gebetsteile werden in Grün dargestellt	1. Einheit (Rak'a)	2. Einheit	3. Einheit	4. Einheit
Morgengebet: 2 2 * Mittagsgebet: 4 4 2 * Nachmittagsgebet: 4 4 * Abendgebet: 3 2 * Nachtgebet: 4 4 2 Witr-Gebet: 3	Die erste Einheit des Morgengebets	Die zweite Einheit des Morgengebets	x	
Morgengebet: 2 2 * Mittagsgebet: – 4 2 * Nachmittagsgebet: 4 4 * Abendgebet: 3 2 * Nachtgebet: 4 4 2 Witr-Gebet: 3	Wie die erste Einheit beim Morgengebet	Wie die zweite Einheit des Morgengebets, nur beim Sitzen wird lediglich das Tahiyyat-Gebet ausgesprochen	Wie die erste Einheit aber ohne *Subhâneke* am Anfang	Wie zweite Einheit des Morgengebets
Morgengebet: 2 2 * Mittagsgebet: 4 4 2 * Nachmittagsgebet: 4 4 * Abendgebet: 3 2 * Nachtgebet: 4 4 2 Witr-Gebet: 3	Wie die erste Einheit beim Morgengebet	Wie beim Morgengebet nur beim Sitzen wird lediglich das Tahiyyat-Gebet ausgesprochen	Wie die erste Einheit beim Morgengebet ohne *Subhâneke* am Anfang und ohne zweite Sure nach Fatiha	Wie die erste Einheit beim Morgengebet ohne *Subhâneke* am Anfang und ohne zweite Sure nach Fatiha

Morgengebet: 2 | 2 | * Mittagsgebet: 4 | 4 | 2 | * Nachmittagsgebet: 4 | 4 | * Abendgebet: | 3 | 2 | * Nachtgebet: 4 | 4 | 2 | Witr-Gebet: 3	Wie die erste Einheit beim Morgengebet	Wie die zweite Einheit beim Morgengebet	Wie die erste Einheit beim Morgengebet	Wie die zweite Einheit beim Morgengebet.
Morgengebet: 2 | 2 | * Mittagsgebet: 4 | 4 | 2 | * Nachmittagsgebet: 4 | 4 | * Abendgebet: | 3 | 2 | * Nachtgebet: 4 | 4 | 2 | Witr-Gebet: 3		Wie beim Morgengebet nur beim Sitzen wird lediglich das Tahiyyat-Gebet ausgesprochen	Wie die erste Einheit beim Morgengebet ohne *Subhâneke* am Anfang und ohne zweite Sure nach Fatiha	x
Morgengebet: 2 | 2 | * Mittagsgebet: 4 | 4 | 2 | * Nachmittagsgebet: 4 | 4 | * Abendgebet: | 3 | 2 | * Nachtgebet: 4 | 4 | 2 | Witr-Gebet: 3	Wie die erste Einheit beim Morgengebet	Wie beim Morgengebet nur beim Sitzen wird lediglich das Tahiyyat-Gebet ausgesprochen	Wie die zweite Einheit beim Morgengebet mit Tekbir und Qunut-Gebete nach zusätzlicher Sure	

Was macht das Ritualgebet ungültig?

1. Im Gebet reden.
2. Im Gebet essen oder trinken.
3. So laut lachen, dass man sich selbst hört. Wenn so laut gelacht wird, dass auch der Nächste dieses Lachen hört, wird auch die Gebetswaschung ungültig.
4. Jemanden grüßen oder eine Begrüßung erwidern.
5. Sich von der *Qibla* abwenden.
6. Für etwas Weltliches oder aus Schmerz seufzen. Weinen aus Ehrfurcht vor Allah zählt nicht hierzu, dies macht ein Gebet nicht ungültig.
7. Absichtlich husten, d.h. ohne Hustenreiz. Normales Husten, ausgelöst durch einen Reiz, zählt nicht hierzu.
8. Während des Gebetes sich mit etwas anderem beschäftigen oder etwas wegpusten.
9. Den Koran falsch rezitieren, so dass der Sinn entstellt wird.
10. Den Koranvers aus einem Koranexemplar statt auswendig lesen.
11. Wenn die Gebetswaschung im Gebet ungültig wird.
12. Wenn jemand, der das Gebet mit *der Ersatzwaschung* (arabisch/türkisch: *teyemmum*) verrichtet, im Gebet Wasser erblickt und auch in der Lage ist, dieses Wasser zu benutzen. Oder wenn die Gültigkeit der Gebetswaschung mit einem Überstrumpf im Gebet ausläuft.
13. Wenn beim Morgengebet die Sonne aufgeht.
14. Wenn Frauen und Männer das Gebet direkt nebeneinander (in einer Reihe aufgestellt) verrichten (ohne Vorhang dazwischen oder einen Mindestabstand, der so groß ist, dass sich hier noch jemand zum Gebet aufstellen könnte).
15. Wenn ein Viertel der zu bedeckenden Körperteile für die Dauer eines der Grundelemente des Gebets (*erkân*) unbedeckt bleibt.

Welche Praktiken sind im Ritualgebet *mekrûh*
(deutsch: *verpönt,* türkisch: *mekruh*)

1. Mit der Kleidung oder dem Körper beschäftigen, mit den

Fingern knipsen, die Finger und Arme verschränken, gähnen oder sich strecken.

2. Die Augen schließen, nach rechts, links oder nach oben schauen. Wenn man sich dabei auch mit dem Körper von der *Qibla* abwendet, wird das Gebet ungültig.
3. Mit hochgekrempelten Ärmeln beten. Wenn Frauen dies machen, wird das Gebet ungültig.
4. Ohne triftigen Grund den Schneidersitz einnehmen, hocken oder mit hochgestreckten Knien sitzen.
5. Direkt gegenüber einem menschlichen Gesicht oder in Richtung eines offenen Feuers beten.
6. Schweiß oder Staub vom Gesicht abwischen, sich kratzen, Steine oder einen Teil der Gebetsunterlage ordnen oder zurechtrücken an der Stelle, an der man in der Niederwerfung die Stirn auflegt. Anders sieht es aus, wenn man dies macht, weil einen das stört.
7. In der Verbeugung oder Niederwerfung einen der *tesbihât* auslassen oder weniger als dreimal sprechen.
8. Beim Gebet vor sich, zur Rechten oder zur Linken ein Bild von einem Lebewesen haben oder die Niederwerfung auf einer Unterlage mit einem solchen Bild vollziehen.
9. Sich während des rituellen Gebets an irgendetwas anlehnen.
10. Bei der Niederwerfung die Reihenfolge missachten und statt der Knie zuerst die Hände auf den Boden auflegen und umgekehrt beim Aufstehen wieder zunächst die Knie statt der Hände anheben. Wenn dies aber aus gesundheitlichen Gründen geschieht, ist dies nicht *mekrûh*.
11. Mitten im Weg, an unreinen Orten, auf Gräbern, in der Nähe von Schmutz und Dreck oder an einem Platz, der Fremdeigentum ist, ohne vorher um Erlaubnis hierfür zu fragen, beten.
12. In der zweiten Gebetseinheit eine längere Sure oder einen längeren Koranvers als in der ersten Gebetseinheit sprechen.
13. In zwei aufeinanderfolgenden Gebetseinheiten dieselbe Sure sprechen, obwohl man auch andere auswendig kann.
14. In der zweiten Gebetseinheit eine Sure oder Koranvers sprechen, die (im Koran) denen in der ersten Gebetseinheit

vorausgehen.

15. In der zweiten Gebetseinheit nicht die Sure oder den Koranvers sprechen, die denen aus der ersten Gebetseinheit direkt folgen, sondern diese überspringen. Wenn mindestens zwei oder noch mehr Suren bzw. Koranverse dazwischen liegen, ist ein Überspringen nicht *mekrûh*.
16. Beim Gebet die Jacke oder den Mantel nicht anziehen, sondern sich diesen nur locker über die Schulter legen.
17. Im Gebet die Augen schließen.
18. In der Moschee in den hinteren Reihen sich aufstellen, obwohl die Reihen vorne noch nicht voll oder geschlossen sind.

Die Bittgebete und Tesbihât zum Ritualgebet

Nach den Pflichtgebeten sprechen wir:

اَللّٰهُمَّ اَنْتَ السَّلَامُ وَمِنْكَ السَّلَامُ تَبَارَكْتَ يَاذَا الْجَلَالِ وَالْاِكْرَامِ

Allâhumme entesselâm we minkesselâm tebârakte
yâ zeldschelâli wel-ikrâm

O Allah, Du bist der Friede und der Friede kommt von
Dir. Gesegnet bist Du, o Herr voller Erhabenheit und Ehre.

Wenn (wie beim Morgengebet oder dem Nachmittagsgebet) kein Sunna-Teil mehr folgt, sprechen wir nach den Pflichtgebeten salawât auf den Propheten (s)

اَللّٰهُمَّ صَلِّ عَلٰى سَيِّدِنَا مُحَمَّدٍ وَعَلٰى اٰلِ سَيِّدِنَا مُحَمَّدٍ

Allâhumme salli alâ seyyidinâ Muhammedin ve alâ âli
seyyidinâ Muhammed

Friede und Segen seien mit unserem Propheten
Muhammed (s).

Folgt dem Pflicht-Teil aber noch ein Sunna-Teil (wie beim Mittagsgebet, dem Abendgebet oder dem Nachtgebet), so sprechen wir diese „*salât und selâm*“ nach diesem Sunna-Teil.

Danach sprechen wir folgende tesbîhât:

سُبْحَانَ اللّٰهِ وَالْحَمْدُ لِلّٰهِ وَ لَٓا اِلٰهَ اِلَّا اللّٰهُ وَ اللّٰهُ اَكْبَرُ وَ لَا حَوْلَ وَ لَا قُوَّةَ اِلَّا بِاللّٰهِ
الْعَلِيِّ الْعَظِيمِ

Subhânallâhi we-l-hamdu lillâhi we-lâ ilâhe illallâhu wallâhu ekber, we-lâ hawle we-lâ quwwete illa billâhi l-ʹaliyyi l-ʹazîm.

Allah ist fern von jeglicher Unvollkommenheit. Alles Lob und Dank gebühren Allah. Es gibt keinen Gott außer Allah. Allah ist am größten. Es gibt weder Kraft noch Macht außer bei Allah, dem Erhabenen, dem Höchsten!

und schließen dann mit einer Eʹûzu-Besmele den Thronvers, die Âyetu l-Kursî, an:

بِسْمِ اللّٰهِ الرَّحْمٰنِ الرَّحِيمِ

اَللّٰهُ لَٓا اِلٰهَ اِلَّا هُوَ اَلْحَىُّ الْقَيُّومُۚ لَا تَاْخُذُهُ سِنَةٌ وَلَا نَوْمٌۜ لَهُ مَا فِى السَّمٰوَاتِ وَمَا فِى
الْاَرْضِۜ مَنْ ذَا الَّذِى يَشْفَعُ عِنْدَهُ اِلَّا بِاِذْنِهِۜ يَعْلَمُ مَا بَيْنَ اَيْدِيهِمْ وَمَا خَلْفَهُمْۚ وَلَا
يُحِيطُونَ بِشَىْءٍ مِنْ عِلْمِهِ اِلَّا بِمَا شَٓاءَۚ وَسِعَ كُرْسِيُّهُ السَّمٰوَاتِ وَالْاَرْضَۚ وَلَا يَؤُدُهُ
حِفْظُهُمَاۚ وَهُوَ الْعَلِىُّ الْعَظِيمُ

Allâhu lâ ilâhe illâ huwe l-hayyu l-qayyûm. Lâ teʿchuzuhû sinetuw we-lâ newm. Lehû mâ fî s-semâwâti we-mâ fî l-ʹard. Men zellezî yeschfeʿu ʿindehû ʹillâ bi-ʹiznih. Yaʿlemu mâ beyne ʹeydîhim we-mâ chalfehum. We-lâ yuhîṭûna bi-šeyʹim min ʿilmihî ʹillâ bi-mâ schâʹ. Wesiʿa kursiyyuhu s-semâwâti we-l-ʹard. We-lâ yeʹûduhû hifzuhumâ. We-huwe l-ʿaliyyu l-ʿazîm.

Allah ist der, außer dem es keine Gottheit gibt, der stets rege, lebendig und beständig ist. Ihn überkommt weder

Schlummer noch Schlaf. Ihm gehört, was in den Himmeln
und auf Erden ist. Wer ist es denn, der bei Ihm Fürsprache
einlegen könnte – außer mit Seiner Erlaubnis? Er weiß,
was vor ihnen und was hinter ihnen liegt (was sie gemacht
haben und noch machen werden), und sie begreifen
von Seinem Wissen nur soviel, wie Er will. Sein Thron
umfasst Himmel und Erde, und sie zu behüten ist ihm
keine Last. Er ist der Erhabene, der Mächtige."

Danach sprechen wir der Reihe nach:

33 Mal سُبْحَانَ اللهِ
Subhânalllah (deutsch: *Allah ist fern von jeglicher Unvollkommenheit.*)

33 Mal اَلْحَمْدُ لِلّٰهِ
Elhamdulillâh (deutsch: *Lob und Dank gehören Allah.*)

33 Mal اَللهُ اَكْبَرُ
Allâhu ekber (deutsch: *Allah ist am größten.*)

Dem schließen wir an:

لَآ اِلٰهَ اِلاَّ اللهُ وَحْدَهُ لاَ شَرِيكَ لَهُ ، لَهُ الْمُلْكُ وَ لَهُ الحَمْدُ ، وَ هُوَ عَلٰى كُلِّ شَيْئٍ قَدِيرٌ

Lâ ilâhe illallâhu wahdehû lâ scherike leh. Lehu l-mulku we-lehu l-hamdu we-huwe alâ kulli schey`in qadîr.

Es gibt keine Gottheit außer Allah. Der Einzige ohne
Partner. Ihm allein gehören die Herrschaft, das Lob und
der Dank. Er ist in der Lage alles zu tun.

und erheben hier nun die Hände für weitere Bittgebete, die wir an dieser Stelle sprechen können. Das Ritualgebet beenden wir danach mit folgendem Vers und der Fatiha, nachdem wir dann abschließend mit den Händen über das Gesicht streichen:

سُبْحَانَ رَبِّكَ رَبِّ الْعِزَّةِ عَمَّا يَصِفُونَ، وَ سَلَامٌ عَلَى الْمُرْسَلِينَ، وَ الْحَمْدُ لِلّٰهِ رَبِّ الْعَالَمِينَ

Subhane rabbike rabbi l-izzeti ammâ yesifûn. We-selâmun ale l-mursalîn. Wel-hamdu lillahi rabbil-'alamîn.

Preis sei deinem Herrn, dem Herrn der Macht! Erhaben ist Er über das, was sie Ihm zuschreiben. Und Friede sei auf den Gesandten! Und alles Lob gehört Allah, dem Herrn der Welten.

Das gemeinschaftliche Ritualgebet

Die Vorzüge des gemeinschaftlichen Ritualgebets

Das gemeinschaftliche Ritualgebet ist im Islam von großer Bedeutung. Gläubige, die zum Gebet zusammen kommen und dieses gemeinschaftlich verrichten, haben so manchen Vorteil hiervon. Man lernt sich kennen, tauscht sich aus, erkundigt sich in religiösen Fragen bei denen, die sich besser auskennen. Man nimmt gute Gewohnheiten an und lässt mit der Zeit ab von solchen, die schlecht sind.

In der Folge kommt es zu einer Gemeinschaftlichkeit unter den Gläubigen, zu einer geschwisterlichen Verbundenheit. Es entsteht eine Atmosphäre der Solidarität, ein Miteinander unter den Gläubigen. Gläubige, die sich Schulter an Schulter mit ihren Glaubensbrüdern zum Gebet aufstellen, erhalten mehr Lohn für dieses Gebet als für ein individuell für sich selbst verrichtetes.

Die Pflichtgebete können natürlich auch alleine durchgeführt werden. Das Verrichten dieser Gebete in und mit der Gemeinde aber ist eine Sunna, die der Prophet stets paraktizierte.

Das gemeinschaftliche Ritualgebet betrifft nur die Pflichtgebete (den Pflicht-Teil). Sunna- und freiwillige Gebete werden nicht in der Gemeinschaft verrichtet. Eine Ausnahme bildet hier das *Terâwîh*-Gebet, das zur Kategorie der Sunna-Gebete gehört. Dieses kann man sowohl individuell als auch mit der Gemeinschaft verrichten. Das *Witr*-Gebet zum Nachtgebet wird nur im Ramadan mit der Gemeinschaft verrichtet. Und das Freitags- sowie die Festtagsgebete werden ausschließlich in der Gemeinschaft verrichtet.

Wie geht man vor, wenn der Imam das Gebet leitet?

Wer von der ersten Gebetseinheit an mit dem Imam beten will, fasst zunächst wie gewohnt die Absicht für das jeweilige Gebet; er fasst die Absicht dabei, dem Imam zu folgen. Exemplarisch soll hier am Pflicht-Teil des Mittagsgebets erläutert werden, wie man vorgeht, wenn man mit dem Imam betet:

1.) Zunächst wird die Absicht gefasst: „Ich fasse hiermit die Absicht, für Allahs Wohlgefallen den Pflicht-Teil des Mittagsgebets zu beten. Und ich folge hierbei dem Imam."

Bei allen Gebeten, die man mit dem Imam betet, hängt man der Absichtsfassung ein „Und ich folge hierbei dem Imam" oder einen ähnlichen Satz mit gleicher Bedeutung an.

2.) Spricht der Imam den *Tekbîr*, so folgt ihm die Gemeinde und vollzieht ihn auch sofort. Die Gläubigen legen jetzt ihre Hände zusammen, sprechen lautlos das *Subhâneke*-Bittgebet und schweigen danach. Außer dem *Subhâneke*-Bittgebet sprechen die Gläubigen beim Stehen kein Gebet mehr. Nur in den Ritualgebeten, die mit lauter Rezitation verrichtet werden, sagt man leise „Âmîn", nachdem der Imam die *Fâtiha* rezitiert hat.

3.) In der Verbeugung sprechen die Gläubigen dreimal *subhâne rabbiyel'azîm*. Wenn der Imam sich wieder aus der Verbeugung aufrichtet und *semi'allâhu limen hamideh* spricht, spricht die Gemeinde dann wieder im Stehen das *Rabbenâ lekelhamd*. In der Niederwerfung spricht sie dreimal *subhâne rabbiyel-a'lâ*.

4.) Beim Sitzen spricht die Gemeinde mit dem Imam das *Tahiyyât*-, das *Allâhumme-salli*- und das *Allâhumme-bârik*-Bittgebet sowie die weiteren *Rabbenâ Atinâ* und *Rabenaghfirlî* Bittgebete. Auch der abschließende Gruß wird gemeinsam mit dem Imam vollzogen.

Die Gemeinde achtet darauf, den Imam nicht zu überholen in den einzelnen Gebetsabläufen, sei es beim *Tekbîr*, wenn sie in die Verbeugung gehen oder sich wieder aus dieser aufrichten, wenn sie sich niederwerfen, sich wieder aufrichten oder wenn sie den Gruß aussprechen. Stets folgen sie hierbei dem Imam und kommen ihm nicht zuvor.

Wer später erst zum Gebet hinzukommt, kann sich noch schnell anschließen. Der Gläubige fasst schnell die Absicht für das Gebet, vollzieht den *Tekbîr* und schließt sich dem Imam an. Wenn der Imam schon in der Verbeugung ist und sich von der Verbeugung noch nicht aufgerichtet hat, gilt die *Gebetseinheit* dann als verrichtet.

Sich ab der zweiten Gebetseinheit dem Gebet anschließen

Hat der Gläubige den Imam jedoch in der Verbeugung zur ersten Gebetseinheit nicht mehr erreichen können, so stößt er trotzdem dazu. Er fasst die Absicht für das Gebet und auch dafür, dem Imam zu folgen, spricht den *Tekbîr* und betet mit dem Imam von dem Punkt an, ab dem er dazustößt, mit. Wenn der Imam sich dann abschließend zum *Tahiyyât*-Bittgebet setzt, spricht auch der Betende dieses Gebet noch mit, folgt dem Imam dann aber nicht mehr, wenn dieser abschließend den Gruß zunächst zur Rechten verrichtet. Der Betende steht jetzt mit einem *Allâhu ekber* auf, um die versäumte erste Gebetseinheit alleine nachzubeten. Er spricht jetzt das *Subhâneke-Bittgebet*, die *E'ûzu-Besmele*, die *Fâtiha* sowie eine weitere Sure, vollzieht die Verbeugung, macht die beiden Niederwerfungen und setzt sich schließlich. Hier spricht er das *Tahiyyât-*, das *Allâhumme-salli-* und das *Allâhumme-bârik-*, das *Rabbenâ-âtinâ-* und das *Rabbenâghfirlî*-Bittgebet und spricht jetzt den abschließenden Gruß zur rechten und zur linken Seite.

Sich ab der dritten Gebetseinheit dem Gebet anschließen

Wer (bei einem Gebet mit vier Gebetseinheiten) erst ab der dritten Gebetseinheit dazustößt, verfährt ebenso: Er wartet ab, bis der Imam beim abschließenden Sitzen die Bittgebete spricht. Wenn der Imam dann zur Rechten grüßt, stellt er sich mit einem *Allâhu ekber* auf, um die verpassten ersten beiden Gebetseinheiten alleine nachzuholen: Er spricht zunächst das *Subhâneke*-Bittgebet, die *E'ûzu-Besmele*, die *Fâtiha* sowie eine weitere Sure, vollzieht die Verbeugung und macht die beiden Niederwerfungen. Mit einem *Allâhu ekber* steht er dann auf zur zweiten Gebetseinheit. Hier spricht er jetzt die Besmele, die *Fâtiha* sowie eine weitere Sure und vollzieht wieder die Verbeugung und die beiden Niederwerfungen und setzt sich schließlich. Hier spricht er wieder das *Tahiyyât-*, das *Allâhumme-salli-* und das *Allâhumme-bârik-*, das *Rabbenâ-âtinâ-* und das *Rabbenâghfirlî*-Bittgebet und spricht jetzt den abschließenden Gruß zur rechten und zur linken Seite, womit das Gebet vollendet sein wird.

Etwas anders sieht es aus, wenn wir bei Gebeten mit drei Gebetseinheiten zur dritten Gebetseinheit dazustoßen. Wer beim Abendgebet oder dem Witr-Gebet erst ab der dritten Gebetseinheit dazustößt, der verrichtet zunächst diese dritte Einheit gemeinsam mit bzw. hinter dem Imam. Er spricht noch gemeinsam mit dem Imam das *Tahiyyât* und wartet ab, dass dieser zur rechten Seite grüßt (er selbst grüßt nicht). Jetzt steht er mit einem *Allâhu ekber* auf und holt die ersten beiden Einheiten nach. Er spricht dann das *Subhâneke*-Bittgebet, die *E'ûzu-Besmele*, die *Fâtiha* sowie eine weitere Sure, vollzieht die Verbeugung, macht die beiden Niederwerfungen und setzt sich. Er spricht nun das *Tahiyyât*-Bittgebet und steht dann wieder mit einem *Allâhu ekber* auf zur zweiten Gebetseinheit. Hier spricht er wieder die Besmele, die *Fâtiha* sowie eine weitere Sure, vollzieht die Verbeugung, macht die beiden Niederwerfungen und setzt sich schließlich. Er spricht nun wieder das *Tahiyyât*, das *Allâhumme-salli-* und das *Allâhumme-bârik-*, das *Rabbenâ-âtinâ-* und das *Rabbenâghfirlî*-Bittgebet und spricht jetzt den abschließenden Gruß zur rechten und zur linken Seite und vollendet damit das Gebet.

Sich ab der vierten Gebetseinheit dem Gebet anschließen

Wer erst ab der vierten Gebetseinheit das Gemeinschaftsgebet mit dem Imam erreicht, der betet dieses mit der Gemeinde mit, spricht dann beim abschließenden Sitzen das *Tahiyyât*-Bittgebet und wartet ab. Wenn der Imam dann zur rechten Seite grüßt, steht er mit einem *Allâhu ekber* auf und stellt sich auf, um die versäumte erste bis dritte Gebetseinheit alleine zu verrichten. Er spricht jetzt das *Subhâneke*-Bittgebet, die *E'ûzu-Besmele*, die *Fâtiha* sowie eine weitere Sure, vollzieht die Verbeugung, macht die beiden Niederwerfungen und setzt sich. Er spricht hier nur das *Tahiyyât*-Bittgebet und steht dann wieder mit einem *Allâhu ekber* zur nächsten Gebetseinheit auf. Hier spricht er wieder die Besmele, die *Fâtiha* sowie eine weitere Sure, vollzieht die Verbeugung, macht die beiden Niederwerfungen und steht wieder auf zur nächsten (letzten) Gebetseinheit. Hier spricht er nur die Besmele und die *Fâtiha* und setzt sich nun abschließend zum *Tahiyyât*. Abschließend spricht er hier wieder das *Tahiyyât-*, das *Allâhumme-salli-* und das *Allâhumme-bârik-*, das *Rabbenâ-âtinâ-* und das *Rabbenâghfirlî*-Bittgebet und spricht den abschließenden Gruß zur rechten und zur linken Seite. Das Gebet ist damit vollendet.

Wer das Gebet in der letzten Gebetseinheit erst erreicht, nachdem sich der Imam wieder aus der Verbeugung aufgerichtet hat, der schließt sich an und betet mit dem Imam, bis der Imam zur rechten Seite grüßt und steht jetzt mit einem *Allâhu ekber* auf, um alle Gebetseinheiten alleine nachzuholen.

Die Niederwerfung beim Irrtum
(arabisch: *sadschdatu s-sahw* türkisch: *sehiv secdesi*)

Wenn man im Ritualgebet eine der Fard-Pflichten (*der inneren Voraussetzungen* wie sie oben beschrieben wurden) verzögert bzw. eine Wâdschib-Pflicht verzögert oder vergisst und auslässt, wird zum Ausgleich die so genannte „Niederwerfung beim Irrtum" durchgeführt. Die Durchführung dieser korrigierenden Niederwerfung gehört zu den Wâdschib-Pflichten des Ritualgebets.
Vergisst oder lässt man jedoch im Gebet bewusst eine der Fard-Pflichten aus, so wird das Gebet ungültig. Dies kann man dann auch durch die Niederwerfung beim Irrtum nicht mehr ausgleichen. In diesem Fall muss das Gebet von vorn verrichtet werden.
Lässt man bewusst eine notwendige Wâdschib-Pflicht aus, gilt dasselbe: Eine Niederwerfung des Versehens gleicht hier nichts mehr aus, das Gebet muss erneut verrichtet werden.
Wer nun im Ritualgebet eine *der inneren Voraussetzungen* oder der W*âdschib*-Pflichten verzögert oder eine dieser W*âdschib-Pflichten* vergisst und auslässt, führt als Ausgleich nach dem *Tahiyyât*-Gebet beim letzten Sitzen noch zwei zusätzliche Niederwerfungen durch: Nach dem Gruß nur zur rechten Seite, vollzieht man mit einem *Allâhu ekber* die beiden Niederwerfungen danach spricht man sitzend das *Tahiyyât-*, das *Allâhumme-salli-* und das *Allâhumme-bârik-*, das *Rabbenâ Atinâ-* und das *Rabbenâghfirlî*-Bittgebet und grüßt abschließend zur rechten und zur linken Seite. Die Niederwerfung beim Irrtum ist damit durchgeführt und das Ritualgebet beendet.

Die Niederwerfung der Rezitation
(arabisch: *sedschdetu t-tilâwe*, türkisch: *tilavet secdesi*)

An vierzehn Stellen im Koran kommen so genannte *Niederwerfungsverse* (arabisch: *âyatu s-sedschde*, türkisch: *secde ayeti*) vor.

Nach der Rezitation dieser Verse muss entsprechend eine Niederwerfung der Rezitation durchgeführt werden. Diese gottesdienstliche Handlung, die *Wâdschib* ist, stellt einen Ausdruck der Ehrerbietung gegenüber dem dar, der diese Verse herabgesandt hat. Verpflichtet dazu sind sowohl die, die einen solchen Vers selbst rezitieren als auch diejenigen, die ihn hören.

Haben wir einen solchen Vers z.B. im Ritualgebet gesprochen, so muss diese (Extra-) Niederwerfung der Rezitation sofort durchgeführt werden, wenn wir die jeweilige Sure noch weiter sprechen wollen. Danach richten wir uns wieder auf und machen dort weiter, wo wir aufgehört haben. Sind es aber nur noch höchstens drei Verse, die noch rezitiert werden, so spricht man diese noch zu Ende und geht dann erst in die Verbeugung wie gewohnt und vollzieht die Niederwerfungen. Eine weitere Niederwerfung der Rezitation ist in diesem Fall nicht mehr notwendig.

Wird jemand Zeuge, wie jemand einen solchen Vers im Ritualgebet vorträgt, und vernimmt er diesen im Gebet vorgetragenen Vers, wobei er selbst nicht am Gebet teilnimmt, so muss auch er dennoch die Niederwerfung durchführen. Wer umgekehrt selbst im Gebet ist und einen Vers der Rezitation vernimmt, der muss nach dem Ritualgebet noch die Niederwerfung der Rezitation durchführen.

Ist es der Imam, der als Vorbeter eines Gebetes einen solchen Vers spricht, müssen sowohl er, als auch die Gemeinde diese Niederwerfung durchführen.

Die Durchführung dieser Niederwerfung ist allen, die religionsmündig sind, Wâdschib. Ausgenommen von dieser Pflicht sind Frauen, die gerade ihre Menstruation haben, und Wöchnerinnen.

Die Durchführung der Niederwerfung der Rezitation

Man stellt sich, wie für jedes andere Gebet auch, in Richtung der Qibla auf, fasst die Absicht und geht dann direkt mit einem *Allâhu ekber* in die Niederwerfung, ohne die Hände hierfür zu erheben im Gegensatz zum gewöhnlichen *Eröffnungs-Tekbîr*. Dreimal sprechen wir hier in der Niederwerfung *subhâne rabbiyel-a'lâ*. Mit einem *Allâhu ekber* richten wir uns wieder aus der Niederwerfung auf und sprechen dabei *ghufrâneke Rabbenâ we ileyke l-masîr (*deutsch: *Unser Herr wir erbitten dein Erbarmen. Zu Dir ist die Rückkehr.*). Das Letztere gehört zu den Mustehâb-Handlungen. Die Niederwerfung der Rezitation besteht im

Unterschied zu den übrigen Ritualgebeten aus einer einmaligen Niederwerfung. Auch das abschließende Grüßen bleibt hier aus.

Die Verse der Niederwerfung im Koran

1. Sure 7/A´râf, Vers 206.
2. Sure 13/Ra´d, Vers 15.
3. Sure 16/Nahl, Vers 48.
4. Sure 17/Isra, Vers 107.
5. Sure 13/Meryem, Vers 58.
6. Sure 22/Hadsch, Vers 18.
7. Sure 25/Furqân, Vers 60.
8. Sure 27/Neml, Vers 25.
9. Sure 32/Sedschde, Vers 15.
10. Sure 38/Sâd, Vers 24.
11. Sure 41/Fussilet, Vers 37.
12. Sure 53/Nedschm, Vers 62.
13. Sure 84/Inschiqâq, Vers 21.
14. Sure 96/Alaq, Vers 19.

Die Moschee im Islam
Die Umgangsformen in der Moschee

Wer sich in die Moschee begibt, sollte dabei in gebührendem Respekt auch gewisse Umgangsformen beachten.
Dazu gehört, dass man

1. die Gebetswaschung vollzieht, bevor man die Moschee betritt,
2. die Moschee nur mit sauberer und angemessener Kleidung betritt,
3. die Moschee zunächst mit dem rechten Fuß betritt und dabei *salât* und *selâm* auf den Propheten spricht,
4. mit dem linken Fuß wieder aus der Moschee heraustritt,
5. den Teppichboden nicht mit schmutzigen Füßen oder Strümpfen betritt,
6. im Sitzen in der Moschee die Beine nicht ausstreckt, wenn man aus gesundheitlichen Gründen nicht gerade dazu ge-

zwungen ist,

7. in der Moschee keinen Lärm macht und laut redet (auch unnötige Gespräche über weltliche Belange zu führen gehört hierzu),
8. die Gemeinde nicht durch starken Mundgeruch wegen Knoblauch oder Zwiebeln (also dass man kurz vor dem Besuch der Moschee beides nicht mehr verzehrt), durch Aufstoßen nach dem Essen oder sonstige Handlungen, die in der Gemeinde Ekel erregen könnten, belästigt.
9. Wenn in der Moschee der Koran rezitiert oder eine Predigt gehalten wird, sollte man dem in Ehrerbietung folgen. Während der Freitagspredigt (arabisch: *chutbe*, türkisch: *hutbe*) sollten keine Gespräche geführt werden. Hierbei muss die Gemeinde still dem Imam zuhören.
10. Diejenigen, die später in die Moschee kommen, sollten die Gemeinde nicht stören und sich nicht in die vorderen Reihen drängen, sondern dort hinsetzen, wo sie einen Platz finden.

Die Elemente einer Moschee

Diese Elemente haben die meisten Moscheen in aller Welt:

Mihrab: Die Gebetsnische. Sie befindet sich in der *Qibla*-Wand der Moschee. Sie zeigt stets die Richtung nach Mekka. Hier steht der Imam, wenn er das Gebet leitet.
Minber: Die Predigtkanzel. Sie steht zur rechten Seite des Mihrabs. Hier steht der Imam auf den Stufen des Minbers, wenn er die Predigt bzw. seine Ansprache (arabisch: *chutbe*, *türkisch: hutbe*) für das Freitags- oder die Festtagsgebete hält.
Kürsü/kursî: Der Predigtstuhl. Ein erhöhter Stuhl mit Pult, auf dem der Prediger Platz nimmt, um eine allgemeine Predigt zu halten.
Minarett: Ein Turm direkt zur Seite der Moschee, von dem aus der Muezzin zum Gebet ruft.
Scherefe: Ein Balkon am Minarett, der dieses ringförmig umgibt und den man über eine Wendeltreppe im Inneren des Minaretts erreicht. Von hier aus wird der *Ezân* ausgerufen.
Alem: Halbmond auf der Spitze des Minaretts.

Das Freitagsgebet

Muslime, die mit der Pubertät die körperliche und seelische Reife erreicht haben und damit *religionsmündig* (arabisch: *mukellef*, türkisch: *mükellef*) geworden sind, sind damit auch zum Freitagsgebet verpflichtet.

Für wen ist das Freitagsgebet Pflicht?

Das Freitagsgebet ist Pflicht für

1. Männer (Frauen sind nicht verpflichtet hierzu), die
2. frei,
3. an diesem Ort ansässig,
4. in guter körperlicher Verfassung (nicht krank),
5. sehend (nicht blind) und
6. gehfähig sind.

Die Bedingungen für die Gültigkeit des Freitagsgebets

1. Das Freitagsgebet muss in der Zeit des Mittagsgebets verrichtet werden.
2. Vor dem Gebet muss die Freitagsrede (arabisch: *Chutbe*, türkisch: *hutbe*) gehalten werden.
3. Jedermann sollte öffentlichen Zugang zum Gebetsort haben.
4. Außer dem Imam sollten noch mindestens drei männliche Betende anwesend sein.

Das Freitagsgebet wird in der Zeit des Mittagsgebets verrichtet und gilt hier an seiner Stelle. Es setzt sich aus mindestens 10 Gebetseinheiten zusammen. Die ersten 4 gehören zum Sunna-Teil, die nächsten 2 sind der Pflicht-Teil, dem folgt abschließend wieder ein Sunna-Teil mit 4 Gebetseinheiten. Das Freitagsgebet bzw. der Pflicht-Teil wird ausschließlich mit und in der Gemeinde verrichtet. Es kann nicht für sich alleine verrichtet werden.

Die Durchführung des Freitagsgebets

Wenn freitags der *Ezân* gerufen wird und die Gemeinde sich in der Moschee zum Freitagsgebet aufstellt, wird zunächst der erste Sunna-Teil verrichtet. Man fasst zunächst die Absicht wie folgt: „Ich fasse hiermit die Absicht, für Allahs Wohlgefallen den ersten Sunna-Teil des heutigen Freitagsgebets zu verrichten."

Der erste Sunna-Teil des Freitagsgebets wird wie der erste Sunna-Teil des Mittagsgebets verrichtet. Nach dem Sunna-Teil wird in der Moschee ein weiterer *Ezân* ausgerufen. Der Imam steigt jetzt auf den *Minber* und hält die Chutbe. Nach der Chutbe wird die *Iqâma* ausgerufen und die Gemeinde damit aufgefordert, sich zum Pflicht-Teil des Freitagsgebets aufzustellen. Die Gemeinde fasst jetzt erneut die Absicht: „Ich fasse hiermit die Absicht, für Allahs Wohlgefallen den Pflicht-Teil des heutigen Freitagsgebets zu verrichten. Ich folge hierbei dem Imam." und verrichtet somit die zwei Einheiten, die zum Pflicht-Teil des Freitagsgebets gehören.

Nach dem Pflicht-Teil folgt der letzte Sunna-Teil des Freitagsgebets. Auch dieser Teil wird wieder wie der erste Sunna-Teil des Freitagsgebets verrichtet. Die Absichtsfassung für diesen Teil lautet: „Ich fasse hiermit die Absicht, für Allah den letzten Sunna-Teil des heutigen Freitagsgebets zu verrichten."

Nach diesem letzten Sunna-Teil ist das Freitagsgebet beendet.

Die Festtagsgebete

Muslime haben zwei religiöse Hochfeste im Jahr.

1. Das Ramadanfest (arabisch:*'îdu l-fitr,* türkisch: *Ramazan Bayramı*) und
2. Das Opferfest (arabisch:*'îdu l-adhâ*, türkisch: *Kurban Bayramı*)

Wer definitiv in der Pflicht steht, das Freitagsgebet zu verrichten, für den ist das Festtagsgebet *wâdschib*. Das Festtagsgebet besteht aus zwei Gebetseinheiten und wird in der Gemeinschaft verrichtet. Auch beim Festtagsgebet wird eine *Chutbe* gehalten, im Unterschied zum Freitagsgebet aber erst nach dem Gebet. Zudem ist die Ansprache hier eine Sunna- und keine Fard-Pflicht wie beim Freitagsgebet.

Im Gegensatz zu anderen Ritualgebeten werden bei den Festtagsgebeten zusätzliche *Tekbîrât (Pl. zu Tekbîr)* gerufen: drei in der ersten Gebetseinheit vor der Rezitation der *Fâtiha* und drei in der zweiten Gebetseinheit vor der Verbeugung.

Die Durchführung der Festtagsgebete

Das Gebet zum Ramadanfest

Erste Gebetseinheit

1.) Der Gläubige stellt sich Schulter an Schulter mit der Gemeinde hinter dem Imam auf und fasst zunächst die Absicht: „Ich fasse hiermit die Absicht, für Allahs Wohlgefallen das Gebet zum Ramadanfest zu verrichten. Ich folge hierbei dem Imam."

2.) Wenn der Imam mit einem *Allâhu ekber* die Hände erhebt und das Gebet damit beginnt, folgt ihm die Gemeinde und erhebt ebenfalls mit einem *Allâhu ekber* die Hände zum *Eröffnungs-Tekbîr*. Danach werden die Hände unter dem Bauchnabel *übereinander* gelegt.

3.) Sowohl der Imam als auch die Gemcinde sprechen jetzt lautlos das *Subhâneke*-Bittgebet und vollziehen danach dreimal den *Tekbîr*: Der Imam hebt zunächst die Hände zum 1. *Tekbîr*: Er vollzieht ihn laut, die Gemeinde folgt ihm lautlos (wie beim *Eröffnungs-Tekbîr*). Imam und Gemeinde lassen die Hände dann zur Seite fallen und diese hier kurz verweilen. Auf die gleiche Art folgt jetzt der 2. und (nach kurzem Verweilen) der 3. *Tekbîr*. Nach dem dritten *Tekbîr* werden die Hände aber nicht mehr zur Seite fallen gelassen, sondern unter dem Bauchnabel wieder zusammengelegt.

4.) Jetzt spricht der Imam lautlos die *E´ûzu-Besmele* und danach laut die *Fâtiha* sowie eine weitere Sure (die Gemeinde spricht hier nicht mit, sondern hört dem Imam still zu).

5.) Die Verbeugung und die beiden Niederwerfungen werden vollzogen, danach steht man auf zur zweiten Gebetseinheit und legt wieder die Hände zusammen.

Zweite Gebetseinheit

1.) Der Imam spricht lautlos die *Besmele* und wieder laut die *Fâtiha* sowie eine weitere Sure. Imam wie Gemeinde (Ersterer laut, Letztere lautlos) vollziehen jetzt wieder dreimal den *Tekbîr* wie in der ersten Gebetseinheit. Nach dem dritten *Tekbîr* lässt man die Hände zunächst zur Seite fallen, um dann einen weiteren, einen 4. *Tekbîr* anzuschließen, mit dem man in die Verbeugung geht und die beiden Niederwerfungen vollzieht. Danach setzt man sich wieder abschließend hin.

2.) Bei diesem Abschlusssitzen sprechen Imam und Gemeinde das *Tahiyyât*-, das *Allâhumme-salli*- und das *Allâhumme-bârik*-, das *Rabbenâ-âtinâ*- und das *Rabbenâghfirlî*-Bittgebet und sprechen den abschließenden Gruß zur rechten und zur linken Seite.

Nach dem Gebet erfolgt die Predigt zum Festtagsgebet.

Das Gebet zum Opferfest

1.) Zunächst wird die Absicht gefasst: „Ich fasse hiermit die Absicht, für Allahs Wohlgefallen das Gebet zum Opferfest zu verrichten. Ich folge hierbei dem Imam."

2.) Es folgt nun derselbe Durchlauf wie beim Gebet zum Ramadanfest.

Die *Teschrîk-Tekbîrât*

Beginnend am *Vortag* (arabisch: *yawmu 'arafa*, türkisch: *Arefe Günü*) des Opferfestes mit dem Morgengebet, bis zum Nachmittagsgebet am vierten Tag des Opferfestes, sprechen wir nach jedem der insgesamt 23 Pflichtgebete bzw. nach dem jeweiligen abschließenden Gruß noch die so genannten ***Teschrîk-Tekbîrât***. Sie lauten:

اَللّٰهُ اَكْبَرُ اَللّٰهُ اَكْبَرُ لَٓا اِلٰهَ اِلاَّ اللّٰهُ وَاللّٰهُ اَكْبَرُ ، اَللّٰهُ اَكْبَرُ وَ لِلّٰهِ الْحَمْدُ

Allâhu ekber, Allâhu ekber, lâ ilâhe illallâhu wallâhu ekber. Allâhu ekber we-lillahi l-hamd.

Allah ist am größten, Allah ist am größten. Es gibt keine Gottheit außer Allâh. Allâh ist am größten, ihm gebühren Dank und Lob.

Diese *Tekbîrât* in den Tagen des Opferfestes zu vollziehen ist für den allein und den mit der Gemeinschaft Betenden, den Reisenden und den nicht Reisenden, für Männer wie Frauen gleichermaßen *Wâdschib*.

Werden die versäumten Gebete dieser Tage noch in den Tagen des Opferfestes nachgeholt, so sind hierbei auch die noch nicht vollzogenen *Tekbîrât* durchzuführen. Werden die Gebete jedoch erst nach diesen Tagen nachgeholt, so müssen die *Tekbîrât* hier nicht mehr gesprochen werden.

Das Terâwîh-Gebet

Das *Terâwîh*-Gebet ist ein Gebet in 20 Gebetseinheiten, das im Ramadan nach dem Nachtgebet verrichtet wird. Es ist ein Ritualgebet, das für Männer wie für Frauen gleichermaßen *sunna mu'ekkede* (deutsch: *bekräftigte Sunna*, türkisch: *sünnet-i müekkede*) ist; auch für diejenigen, die im Ramadan wegen einer Krankheit oder weil sie auf Reisen sind nicht fasten können. Es kann auch alleine zu Hause verrichtet werden. Das Gebet in der Gemeinde ist jedoch verdienstvoller.

Die Durchführung des *Terâwîh-Gebets*

Das *Terâwîh*-Gebet wird direkt an das Nachtgebet angeschlossen und zwischen Nacht- und *Witr*-Gebet verrichtet, kann aber auch nach dem Witr-Gebet verrichtet werden.

Man kann dieses 20-Einheiten-Gebet auf zwei Arten verrichten. Entweder spricht man nach jeder zweiten Gebetseinheit den abschließenden Gruß oder nach jeder vierten. In beiden Fällen muss man insgesamt auf 20 Gebetseinheiten kommen. Im Folgenden wollen wir beide Duchführungsarten schrittweise erklären:

Die Durchführung mit der Gemeinde in je zwei Gebetseinheiten

Das Terâwîh-Gebet beginnt nach der letzten Sunna des Nachtgebets. Der Imam, der das Gebet leitet, fasst die Absicht wie folgt: „Ich fasse hiermit die Absicht, für Allahs Wohlgefallen das *Terâwîh*-Gebet zu verrichten. Ich leite das Gebet für diejenigen, die mir als Imam folgen.“ Danach erhebt der Imam mit einem *Allâhu ekber* die Hände und führt damit den *Eröffnungstekbîr* aus. Danach legt er seine Hände zusammen.

Die Gemeinde, die dem Imam folgt, fasst ebenfalls die Absicht: „Ich fasse hiermit die Absicht, für Allahs Wohlgefallen das *Terâwîh*-Gebet zu verrichten. Ich folge hierbei dem Imam.“ Auch die Gemeinde erhebt dann die Hände mit einem *Allâhu ekber*, führt damit den *Eröffnungstekbîr* aus und legt dann die Hände zusammen.

Imam und Gemeinde sprechen jetzt lautlos das *Subhâneke*-Bittgebet. Danach spricht der Imam lautlos die *E'ûzu-Besmele*, dann wieder laut die *Fâtiha* und eine weitere Sure. Die Gemeinde schweigt währenddessen. Gemeinsam gehen Imam und Gemeinde jetzt in die Verbeugung, führen die zweifache Niederwerfung durch und stehen dann auf zur zweiten Gebetseinheit.

Hier spricht der Imam wieder lautlos die *Besmele*, dann wieder laut die *Fâtiha* und eine weitere Sure. Imam und Gemeinde gehen jetzt wieder in die Verbeugung, führen die zweifache Niederwerfung durch und setzen sich abschließend.

In diesem abschließenden Sitzen sprechen Imam und Gemeinde das *Tahiyyât-*, das *Allâhumme-salli-* und das *Allâhumme-bârik-*, das *Rabbenâ-âtinâ-* und das *Rabbenâghfirlî*-Bittgebet und grüßen abschließend zur rechten und zur linken Seite. Die ersten beiden Gebetseinheiten sind damit verrichtet.

Dieser Durchlauf wird insgesamt zehn Mal durchgeführt und die 20 Gebetseinheiten werden damit vollendet. Abschließend betet man noch mit der Gemeinde die drei Gebetseinheiten des *Witr*-Gebets.

Die Durchführung in je zwei Gebetseinheiten alleine

Zunächst wird die Absicht gefasst: „Ich fasse hiermit die Absicht, für Allahs Wohlgefallen das *Terâwîh*-Gebet zu verrichten." Im Folgenden orientiert sich der Gläubige am Sunna-Teil des Morgengebets. Wenn er diese beiden Gebetseinheiten zehn Mal durchgeführt und damit die 20 Gebetseinheiten vollendet hat, schließt er das *Witr*-Gebet an.

Die Durchführung in je vier Gebetseinheiten mit der Gemeinde

Der Imam, der das Gebet leiten wird, und die Gemeinde fassen die Absicht wie oben beschrieben, sprechen den *Eröffnungstekbîr* und legen ihre Hände zusammen. Imam und Gemeinde sprechen zunächst lautlos das *Subhâneke*-Bittgebet. Der Imam spricht wieder lautlos die *E'ûzu-Besmele*, dann wieder laut die *Fâtiha* und eine weitere Sure. Die Gemeinde schweigt währenddessen. Gemeinsam gehen Imam und Gemeinde jetzt in die Verbeugung, führen die zweifache Niederwerfung durch und stehen dann zur zweiten Gebetseinheit auf.

Hier spricht der Imam wieder lautlos die *Besmele*, dann wieder laut die *Fâtiha* und eine weitere Sure. Imam und Gemeinde gehen jetzt wieder in die Verbeugung, führen die zweifache Niederwerfung durch und setzen sich abschließend. In diesem ersten Sitzen sprechen Imam und Gemeinde das *Tahiyyât-*, das *Allâhumme-salli-* und das *Allâhumme-bârik*-Bittgebet und stehen dann auf zur dritten Gebetseinheit.

In der dritten Gebetseinheit sprechen Imam und Gemeinde zunächst wieder lautlos das *Subhâneke*-Bittgebet. Der Imam spricht wieder lautlos die *E'ûzu-Besmele*, dann wieder laut die *Fâtiha* und eine weitere Sure. Gemeinsam gehen Imam und Gemeinde dann in die Verbeugung, führen die zweifache Niederwerfung durch und stehen dann zur vierten Gebetseinheit auf.

Nachdem der Imam lautlos die Besmele und dann wieder laut die *Fâtiha* und eine weitere Sure rezitiert hat, erfolgen wieder die Verbeugung und die zweifache Niederwerfung, bevor man sich wieder abschließend setzt.

Hier sprechen Imam und Gemeinde wieder das *Tahiyyât-*, das *Allâhumme-salli-* und das *Allâhumme-bârik-*, das *Rabbenâ-âtinâ-* und das *Rabbenâghfirlî*-Bittgebet und grüßen abschließend zur rechten und zur linken Seite. Die vier Gebetseinheiten sind damit durchgeführt.

Jetzt steht man auf und wiederholt diesen Vierer-Ablauf noch vier Mal, so dass man wieder auf die 20 Gebetseinheiten kommt.

Auch hier wird wieder das *Witr*-Gebet mit der Gemeinde angeschlossen.

Die Durchführung in je vier Gebetseinheiten alleine

Zunächst wird wieder die Absicht gefasst: „Ich fasse hiermit die Absicht, für Allahs Wohlgefallen das *Terâwîh*-Gebet zu verrichten." Im Folgenden orientiert sich der Gläubige am Sunna-Teil des Nachmittagsgebets. Der einzige Unterschied besteht hier in der Absichtsfassung. Auch hier wiederholt der Gläubige die vier Einheiten so lange, bis er die zwanzig Gebetseinheiten erreicht hat und schließt dann das Witr-Gebet an.

Das Totengebet

Das Totengebet ist Muslimen *Fard kifâye (*deutsch*: Kollektivpflicht, türkisch: farz-ı kifâye*). Es gilt als Bittgebet für den Verstorbenen. Das Totengebet über einen Verstorbenen zu verrichten bedeutet, Allah um Vergebung seiner Sünden und Fehler zu bitten und damit den letzten Dienst am Verstorbenen zu erfüllen.

Sechs Voraussetzungen müssen erfüllt sein, damit das Totengebet für einen Verstorbenen verrichtet werden kann:

1. Die verstorbene Person muss Muslim sein,
2. Sie muss zuvor dem Ritus entsprechend gewaschen und in ein Leichentuch eingehüllt worden sein.
3. Die verstorbene Person muss vor der Gemeinde aufgebahrt sein.
4. Der Leichnam muss vollständig sein. Zumindest aber muss mehr als die Hälfte des Körpers oder zusammen mit dem Kopf die Hälfte vorhanden sein.
5. Die Betenden müssen stehen (außer bei gesundheitlichen Hindernissen, in diesem Fall darf man auch sitzen).
6. Der Leichnam muss aufgebahrt sein. Der Sarg darf während des Totengebets nicht auf Schultern gehalten werden oder auf einem Tier abgeladen sein.

Verstorbene Kinder, die lebend auf die Welt kommen oder bei denen der Großteil des Körpers bei Geburt noch Lebenszeichen hatte, werden ebenfalls dem Ritus entsprechend gewaschen und das Totengebet wird für sie verrichtet.

Bei **Fehlgeburten** wird nach dem Entwicklungsstadium unterschieden. Haben die Körperteile sich bereits voll ausgebildet oder sind zumindest einige von diesen zu erkennen, so wird das Kind gewaschen, in ein Leichentuch eingehüllt und bestattet. Das Totengebet wird für dieses Kind nicht verrichtet. Ist keines der Körperteile erkennbar ausgebildet, wird das Kind nicht gewaschen und auch das Totengebet wird nicht verrichtet.

Das Totengebet ist, wie bereits erwähnt, ein Gottesdienst der Kollektivpflicht. Wird diese Pflicht von einigen aus der Gemeinde erfüllt, so ist der Rest der Gemeinde damit von dieser Pflicht freigestellt. Selbst wenn sich nur ein Mann oder eine Frau zum Totengebet einstellt, gilt diese Pflicht als erfüllt. Es kann außer in *den verpönten Zeiten* (arabisch: *awqâtu l-karâha*, türkisch: *kerahet vakti*) zu jeder Zeit verrichtet werden. Die Grundelemente (arabisch: *erkân*, türkisch: *rükün*) des Totengebets sind vier *Tekbîr* und das Stehen im Gebet (arabisch: *qiyâm*, türkisch: *kıyam*). Das Grüßen zur rechten und zur linken Seite ist hier Wâdschib. Es handelt sich also um ein Gebet ohne Verbeugung und Niederwerfung.

Die Sunna des Totengebets:

1. Der Imam, der das Gebet leitet, steht parallel zur Brust des Verstobenen.
2. Nach dem ersten *Tekbîr* spricht der Imam das *Subhâneke*-Bittgebet und
3. Nach dem zweiten *Tekbîr* das *Allâhumme-salli-* und das *Allâhumme-bârik*-Bittgebet.
4. Nach dem dritten *Tekbîr* spricht er ein weiteres Bittgebet für den Toten.

Die Durchführung des Totengebets

Der Leichnam wird, nachdem er gewaschen und in ein Leichentuch eingehüllt wurde, im Sarg vor der Gemeinde aufgebahrt. Der Imam steht dabei parallel zur Brust des Verstorbenen. Die Gemeinde stellt sich hinter dem Imam in Reihen auf. Drei Reihen zu bilden gilt dabei als *Mustehâb* (deutsch: *wünschenswert*, türkisch: *müstehâp*).

Bei der Absichtsfassung zum Totengebet wird auch bekundet, ob es sich beim Verstorbenen um einen Mann, eine Frau oder ein Kind handelt.

Der Imam spricht die Absichtsfassung wie folgt: „Ich fasse hiermit die Absicht, für das Wohlgefallen Allahs das Totengebet zu verrichten für den vor uns aufgebahrten verstorbenen Mann/die vor uns aufgebahrte verstorbene Frau/das vor uns aufgebahrte verstorbene Kind und für ihn/sie/das verstorbene/n Mann/Frau/Kind das Bittgebet zu sprechen."

Die Gemeinde hinter dem Imam spricht ihm nach: „Ich fasse hiermit die Absicht, für das Wohlgefallen Allahs das Totengebet zu verrichten und für den vor uns aufgebahrten verstorbenen Mann/die vor uns aufgebahrte verstorbe Frau/das vor uns aufgebahrte verstorbene Kind und für ihn/sie/das verstorbene Kind das Bittgebet zu sprechen. Ich folge hierbei dem Imam."

Weiß einer der Betenden nicht, ob es sich beim Verstorbenen um einen Mann handelt oder um eine Frau, so nimmt er die Absichtsfassung vor wie folgt: „Ich fasse hiermit die Absicht, für das Wohlgefallen Allahs das Totengebet zu verrichten für den Verstorbenen, für den der Imam das Totengebet sprechen wird, und für ihn das Bittgebet zu sprechen. Ich folge dabei dem Imam."

Nach der Absichtsfassung erhebt der Imam mit einem lauten *Allâhu ekber* die Hände und nimmt damit den **Eröffnungs-Tekbîr** vor. Die

Gemeinde folgt ihm mit einem lautlosen *Allâhu ekber*. Die Hände werden nun unter dem Bauchnabel zusammengelegt.

Imam und Gemeinde sprechen jetzt lautlos das *Subhâneke*-Bittgebet. Nur hier (für das Totengebet) wird beim *Subhâneke*-Bittgebet noch zusätzlich ein *dschelle senâ'uke* eingefügt (s. auch weiter hinten, Kapitel: Bittgebete, die wir in den Ritualgebeten sprechen).

Nach dem *Subhâneke* spricht der Imam laut den **zweiten Tekbîr**, die Gemeinde spricht ihm lautlos nach. Die Hände werden bei diesem *Tekbîr* nicht erhoben. Imam und Gemeinde sprechen jetzt wieder lautlos das *Allâhumme-salli-* und das *Allâhumme-bârik*-Bittgebet.

Dann wird der **dritte Tekbîr** vorgenommen ohne wieder die Hände dabei zu erheben und das entspechende Bittgebet gesprochen. Wer dieses nicht auswendig kennt, kann stattdessen die *Qunût*-Bittgebete sprechen. Wer auch diese nicht auswendig kennt, kann das *Rabbenâ-âtinâ* sprechen.

Jetzt wird wieder ohne die Hände dabei zu erheben ein **vierter Tekbîr** vorgenommen und das Totengebet beendet mit dem abschließenden Gruß *es-selâmu 'aleykum we rahmetullâh* einmal zur rechten und einmal zur linken Seite.

Gebete, die im Totengebet nach dem dritten Tekbîr gesprochen werden

Für jeden Verstorbenen, gleich welchen Geschlechts und welchen Alters, sprechen wir zunächst:

اَللّٰهُمَّ اغْفِرْ لِحَيِّنَا وَ مَيِّتِنَا وَ شَاهِدِنَا وَ غَائِبِنَا وَ ذَكَرِنَا وَ اُنْثَانَا وَ صَغِيرِنَا وَ كَبِيرِنَا ، اَللّٰهُمَّ مَنْ اَحْيَيْتَهُ مِنَّا فَاَحْيِهِ عَلَى الْاِسْلاَمِ وَ مَنْ تَوَفَّيْتَهُ مِنَّا فَتَوَفَّهُ عَلَى الْاِيمَانِ

Allâhumme ghfirlî li-hayyinâ we-meyyitinâ we-schâhidinâ we-ghâ'ibinâ we-zekerinâ we-unsânâ we-saghîrinâ we-kebîrinâ. Allâhumme men ehyeytehû minnâ fe-ehyîhi ale l-islâm we-men teweffeytehû minnâ fe-teweffehû ale l-îmân.

O Allah! Vergib den Lebenden unter uns wie den Toten. Und vergib den Anwesenden hier wie den Abwesenden. Den Männern wie den Frauen, den Kleinen wie den Großen unter uns. O Allah! Erschaffe diejenigen, die nach

uns folgen werden, auf dem Wege des Islam wandelnd.
Und diejenigen, die du von uns nehmen wirst, nimm sie
nur im Zustand des Glaubens.

Wer dieses Bittgebet nicht auswendig kennt, der kann im Totengebet auch den folgenden Vers als Bittgebet sprechen

رَبَّنَا اٰتِنَا فِى الدُّنْيَا حَسَنَةً وَ فِى الْاٰخِرَةِ حَسَنَةً وَ قِنَا عَذَابَ النَّارِ

Rabbenâ âtinâ fi d-dunyâ haseneten we-fi l-âchireti haseneten we qinâ azâbe n-nâr.

O Herr! Gib uns auf Erden Gutes und im Jenseits Gutes
und
bewahre uns vor der Qual des Feuers.

Das Teheddschud-Gebet

Das *Teheddschud*-Gebet ist ein sehr verdienstvolles Gebet, das nach dem Nachtgebet verrichtet wird, entweder noch vor dem Schlafenlegen oder nach einem kurzen Schlaf. Unser Prophet Muhammed (s) pflegte dieses Gebet stets zu verrichten. Das *Teheddschud*-Gebet gilt als empfehlenwert. Es wird in mindestens zwei bis höchstens acht Gebetseinheiten verrichtet. Als vorzüglicher gilt es, dieses Gebet zu verrichten, indem man nach allen zwei Gebetseinheiten den abschließenden Gruß spricht.
Unser Prophet Muhammed (s) riet uns zu diesem Gebet wie folgt:

„Wer des Nachts aufsteht, und auch seine Ehefrau aufweckt und zwei Gebetseinheiten verrichtet, den zählt Allah mit den Männern und den Frauen auf, die Seiner reichlich gedenken.“[19]

Allah, der Erhabene, lässt uns zudem im Koran wissen, dass Vergebung und Lohn auf die Männer und die Frauen wartet, die Seiner oft gedenken. [20]

19 Ebû Dawûd, Salâtu t-Tatawwu‘, 18
20 Koran, 33/Ahzâb; 35

Verschiedenes zum Ritualgebet

Wie bete ich, wenn ich nicht stehen oder in die Niederwerfung gehen kann?

Der Islam will erleichtern, nicht erschweren. Auch die Gottesdienste sind nach dieser Regel ausgerichtet. Keinem Menschen wird etwas abverlangt, was seine Kräfte übersteigt. So kann ein Mensch, der das Gebet krankheitsbedingt nicht im Stehen durchführen kann, dieses auch im Sitzen verrichten.

In diesem Fall führt der Gläubige all die Abläufe, die sonst das Stehen verlangen, im Sitzen durch. Danach geht er in die Verbeugung, richtet sich wieder auf und macht dann die Niederwerfung. Wenn er aber die Verbeugung nicht durchführen und auch mit der Stirn nicht auf den Boden gehen kann, so deutet er mit einer Kopfverbeugung diese beiden Gebetsabläufe an. Für die Andeutung der Verbeugung beugt er seinen Kopf etwas nach vorne. Für die Andeutung der Niederwerfung beugt er seinen Kopf dann noch etwas mehr herunter. Der Kopf muss dabei für die Andeutung der Niederwerfung weiter gebeugt werden als für die Andeutung der Verbeugung. Ansonsten ist das Gebet ungültig.

Ist der Gläubige so krank, dass er auch nicht sitzen kann, so legt er sich hin, wie er kann und führt das Gebet mit angedeutenen Bewegungen wie beschrieben durch. Ist er auch hierzu nicht im Stande, so verschiebt er das Gebet und holt es später nach, wenn es ihm wieder besser geht.

Wie hole ich ein versäumtes Gebet nach?

Jedes der Ritualgebete muss innerhalb der hierfür bestimmten Zeit verrichtet werden. Ein absichtliches, unentschuldigtes Verspäten bzw. Verschieben gilt als Sünde. Mit dem Nachholen des Gebets hat man die Pflicht zum Gebet erfüllt, für die unentschuldigte Verspätung dessen sollte man aber Allah um Vergebung bitten.

Nachgeholt werden kann zudem nur der Pflicht-Teil (hierzu zählt auch das *Witr*-Gebet), nicht der Sunna-Teil der Ritualgebete. Einzig der Sunna-Teil des Morgengebets kann gemeinsam mit dem Pflicht-Teil noch bis 20-25 Minuten vor dem Mittagsgebet nachgeholt werden. Versäumte Gebete können abgesehen von *den verpönten Zeiten* (1. bei Sonnenaufgang, 2. wenn die Sonne ihren Höchststand erreicht hat und 3. wenn sie am Abend wieder unter geht), zu jeder

Tages- oder Nachtzeit nachgeholt werden. Auch hier muss man zunächst die Absicht für das jeweils nachzuholende Gebet fassen. Will man weiter zurückliegende versäumte Gebete nachholen und weiß nicht genau, welche noch ausstehen, so fasst man die Absicht wie folgt: „Ich fasse hiermit die Absicht, für das Wohlgefallen Allahs den Pflicht-Teil des ersten versäumten und damit noch ausstehenden Morgen-/Mittags-/Nachmittags-/Abend-/Nachtgebets nachzuholen.“

Wie bete ich auf Reisen?

Wer seinen Wohnort verlässt und eine Strecke von ca. 90 Kilometern zurücklegt, gilt nach islamischer Rechtsauffassung als Reisender. Als Reisender gilt man von Beginn der Reise an bis zum Erreichen des Zielorts bzw. durchgehend, wenn man sich am Zielort weniger als 15 Tage zu bleiben vorgenommen hat. Wer sich jedoch von Beginn an beabsichtigt, 15 Tage oder noch länger zu bleiben, der gilt dann nicht mehr als Reisender.

Reisende im oben erwähnten Sinne haben einige Erleichterungen. Sie verrichten Pflichtgebete, die sonst vier Gebetseinheiten umfassen, in zwei Gebetseinheiten (nur zwei der vier Gebetseinheiten). Die zwei Gebetseinheiten des morgendlichen Pflicht-Teils, die drei Gebetseinheiten des Pflicht-Teils am Abend sowie des Witr-Gebets werden ungekürzt verrichtet. Die Sunna-Teile können verrichtet werden, wenn die Zeit hierfür ausreicht, wenn nicht, können sie ausgelassen werden.

Verrichtet der Reisende das Gebet in der Gemeinde des Ortes, d.h. dem Imam folgend, so betet er alle vier Gebetseinheiten der Pflicht-Teile mit. Ist der Reisende umgekehrt selbst Imam der Gastgebergemeinde und leitet das Gebet, so betet er nur zwei der Gebetseinheiten vor, spricht dann den abschließenden Gruß und lässt die Gemeinde selbständig die verbliebenen zwei Gebetseinheiten weiterbeten.

Alle versäumten Gebetseinheiten der Gebete, die vier Gebetseinheiten zählen, holt der Reisende nur mit zwei Gebetseinheiten nach, wenn er wieder zuhause ist. Hat der Reisende nach der Gebetswaschung einen Überstrumpf angezogen, so kann er diesen drei Tage und Nächte (72 Stunden) anbehalten und jedes Mal die Gebetswaschung wieder erneuern, indem er mit der feuchten Hand über diesen Überstrumpf streicht.

Im Ramadan kann der Reisende das Fasten auslassen und dieses später nachholen, wenn er wieder zuhause ist. Besser für ihn ist es aber, auch als Reisender zu fasten, wenn er kann und es nicht mit allzu viel Mühe und Strapazen für ihn verbunden ist. Dasselbe gilt für das Freitagsgebet und die Gebete zum Ramadan- wie zum Opferfest. Auch diese kann er auslassen als Reisender. Und auch hier ist es aber wieder besser für ihn, wenn er diese einhält. Im Übrigen gilt diese Erlaubnis freitags nur für das Freitagsgebet selbst, das zeitgleiche Mittagsgebet bleibt er trotzdem pflichtig und muss es verrichten.

3. Das Fasten

Das Fasten im Ramadan

Die dritte Säule des Islam ist *das Fasten* (arabisch: *sawm/siyâm*, türkisch: *oruç*) im Monat Ramadan. Fasten bedeutet, sich mit Beginn der Morgendämmerung bis Sonnenuntergang von Essen, Trinken und Geschlechtsverkehr zu enthalten.

Der Monat Ramadan ist für die Muslime ein hoher und segensreicher Monat. Die Herabsendung des Korans begann in diesem Monat. Die *Leyletu l-qadr* (deutsch: *Nacht der Bestimmung*, türkisch *Kadir gecesi*), die besser und Wohl bringender als tausend Monate ist, auch sie ist in diesem Monat zu suchen. Dies alles verleiht dem Ramadan seine besondere Bedeutung, vor allen Dingen aber der Umstand, dass uns in ihm das Fasten vorgeschrieben ist, das uns innerlich von schlechten Gedanken und äußerlich von schlechten Handlungen reinigt:

> *„O ihr, die ihr glaubt. Euch ist das Fasten auferlegt, wie es schon denjenigen vor euch auferlegt war. So möget ihr euch (dank des Fastens vom Übel) zurückhalten.“* [21]

Das Fasten hält uns vom Übel ab. Es eröffnet uns als Gottesdienst die Möglichkeit, uns von unseren Sünden und Fehlern zu befreien, uns von diesen zu läutern. So sagte unser Prophet(s)[s] einst:

> *„Wer im Ramadan im Glauben und von Allah Entlohnung hierfür erhoffend fastet, der wird seiner vorangegangenen Sünden frei gesprochen.“* [22]

Das Fasten lässt uns Allahs gedenken. Wir entwickeln durch das Fasten unser Verantwortungsbewusstsein. Es hält uns von schlechten Gedanken und Gefühlen ab, reinigt uns von diesen und bewahrt uns davor, anderen Menschen Schlechtes zu tun. Wir erringen und erarbeiten uns dadurch die vorzüglichsten Charaktereigenschaften. Alle unsere Organe werden durch Fasten abgehalten, Schlechtes zu tun.

Das Fasten erzieht uns zu Barmherzigkeit und Mitleid. Es lehrt uns,

---

21 Koran, 2/Baqara;183.

22 Riyâdu s-Sâlihîn, Bd. 2, S. 489.

was Hungern bedeutet. Die Wohlhabenden, die sich dieses Gefühl sonst nicht richtig vorstellen können, erleben dieses nun. Sie können sich dadurch in die Lage derer versetzen, die hungern und Not leiden. Mitleidsgefühle wird das Fasten in ihnen wecken. Es wird dazu anregen, den Bedürftigen die helfende Hand auszustrecken, ihnen zu helfen und sie zu unterstützen.

Der Mensch weiß den Wert der ihm von Allah zugeteilten Gaben erst dann richtig zu schätzen, wenn er diese verliert. Wer fastet und eine Zeit lang auf die Gaben verzichtet, die er eigentlich besitzt, wird diese danach mit anderen Augen betrachten, ihren Wert besser schätzen. Dies wird ihn dazu bewegen, seine Gaben besser zu schützen, für diese gebührender zu danken.

Es lehrt ihn zudem Geduld. Wer sich für eine gewisse Zeit von Essen und Trinken zurückhält, gewinnt dadurch an Durchhaltevermögen auch für andere Lebenssituationen. Er lernt, Schwierigkeiten besser zu meistern.

Für wen ist das Fasten Pflicht?

Pflicht ist das Fasten für

1. Muslime, die
2. verstandesbegabt sind und
3. die körperliche und seelische Reife erreicht haben.

Jeder Muslim, der verstandesbegabt ist, dabei die körperliche/seelische Reife erreicht hat und damit religionsmündig geworden ist, muss im Ramadan fasten. Dies ist ein klares Gebot, eine Fard-Pflicht. Ausgenommen von dieser Pflicht sind nach dieser Definition also Kinder vor Erreichen der Pubertät. Sie können allerdings allmählich, ohne sie dabei zu überfordern oder körperlich zu überanstrengen, an das Fasten herangeführt werden.

Frauen dürfen während ihrer Menstruation und während des Wochenflusses nicht fasten und nicht beten. Während der Menstruation versäumte Fastentage müssen nachgeholt werden, versäumte Gebete jedoch nicht.

Die Arten des Fastens

Wir unterscheiden sechs Arten des Fastens:

1)Fard-Fasten

Dazu zählen das Fasten im Monat Ramadan, das Nachholen von nicht gefasteten Tagen im Ramadan sowie alle Formen des Fastens in Sühne (arabisch: *siyâmu l-keffârah*, türkisch: *keffaret orucu*).

2) Wâdschib-Fasten

Dazu zählen das Fasten in Erfüllung eines Gelübdes (arabisch: *siyâmu n-nezr*, türkisch: *adak orucu*) und das Nachfasten vom abgebrochenen freiwilligen Fasten.

3) Sunna-Fasten

Das Fasten am neunten und zehnten oder am zehnten und elften Tag des Monats Muharram ist Sunna.

4) Mustehâb-Fasten

Wünschenswert ist das Fasten:

1. an den dreizehnten, vierzehnten und fünfzehnten Tagen der Mondmonate sowie
2. montags und donnerstags oder
3. sechs beliebige Tage nach dem Ramadan im folgenden Monat Schewwal.

5) Mekrûh-Fasten

Nur am zehnten des Muharram, nur am Freitag oder nur am Samstag zu fasten, ist Mekrûh.

6) Harâm-Fasten

Es ist verboten am ersten Tag des Ramadan-Festes sowie an allen vier Tagen des Opferfestes zu fasten. Denn diese Tage sind uns ein Geschenk Allahs.

Die Absicht zum Fasten

Die Annahme und damit die Erfüllung des Fastens setzt auch voraus, dass man dies in der Absicht hierzu tut. Zu Beginn des Fastens muss daher die Absicht hierzu gefasst werden.

Prinzipiell kann die Absicht direkt nach dem Fastenbrechen und dann bis zum Vormittag des nächsten Tages (ca. 20-25 Minuten vor der Zeit zum Mittagsgebet) gefasst werden. Allgemein wird die Absicht aber nach dem *Sahûr*, der letzten Mahlzeit vor Fastenbeginn, gefasst. Die Absicht zum Fasten kann nachträglich (nach der Morgendämmerung) noch gefasst werden, wenn man etwa morgens verschlafen hat. Dies ist natürlich nur dann möglich, wenn man nach der Morgendämmerung nichts gemacht hat, was das Fasten ungültig machen würde.

Auch das Aufstehen zum *Sahûr* gilt dabei als Absicht-Fassen.

Wer nicht zum *Sahûr* aufstehen will, der kann auch direkt abends

nach dem Fastenbrechen schon die Absicht für den Folgetag fassen. Beim Nachholen der Tage, die man nicht fasten konnte, muss die Absicht dazu vor der Morgendämmerung gefasst werden. Dies gilt auch für das Sühne-Fasten. In diesen Fällen ist die Absichts-Fassung nach der Morgendämmerung nicht mehr möglich.
Im Grunde wird die Absicht zum Fasten mit dem Herzen gefasst. Dies bedeutet, dass der innerliche Beschluss, dass man am nächsten Tage fasten möchte, völlig ausreicht, um diese Bedingung erfüllt zu haben. .Besser ist es jedoch, diese innerliche Absicht auch auszusprechen

Das Iftar-Bittgebet
Zum Fastenbrechen (arabisch/türkisch: *Iftâr*) folgendes Gebet zu sprechen ist Sunna:

اَللّٰهُمَّ لَكَ صُمْتُ وَ بِكَ آمَنْتُ وَ عَلَيْكَ تَوَكَّلْتُ وَ عَلٰى رِزْقِكَ اَفْطَرْتُ وَ صَوْمَ الْغَدِ
مِنْ شَهْرِ رَمَضَانَ نَوَيْتُ فَاغْفِرْ لِى مَا قَدَّمْتُ وَ مَا اَخَّرْتُ

Allâhumme leke sumtu we-bike âmentu we-'aleyke tewekkeltu we-'alâ rizqike eftartu we-sawme l-ghadi min schehri ramadâne neweytu faghfirlî mâ qaddemtu we-mâ achchartu.

O Allah, für Dich habe ich gefastet, an Dich glaube ich, Dir vertraue ich und mein Fasten breche ich mit dem, was Du mir an Nahrung gegeben hast. Und ich fasse hiermit auch die Absicht, den morgigen Tag im Ramadan zu fasten. So vergib mir meine vergangengenen und zukünftigen Sünden.

Frühzeitiger Fastenabbruch vor dem Iftar

Gründe, die das Abbrechen des Fastens erlauben
Wer ohne triftigen Grund nicht fastet, begeht eine Sünde. In Ausnahmesituationen, wenn das Fasten den Gläubigen zu sehr belastet, kann man das Fasten aber unterlassen und auch ein bereits begonnenes Fasten unterbrechen und später nachholen. Dies kann der Fall sein:

1. **Bei Krankheit:** Wenn das Fasten eine bestehende Krank-

heit verschlimmert oder die Besserung verzögert. Wenn der Gläubige dann wieder genesen ist, muss er die versäumten Tage nachfasten.

2. **Auf Reisen:** Wer im Ramadan auf Reisen geht und dabei mindestens 90 km zurücklegt, kann das Fasten aussetzen. Die versäumten Tage müssen danach nachgefastet werden. Wenn die Reise dem Gläubigen jedoch nicht zu sehr zusetzt, ist es besser für ihn, wenn er fastet.
3. **Wenn jemand ernsthaft physisch bedroht wird, weil er fastet:** In einem solchen Fall darf der Gläubige das Fasten unterbrechen und dieses später nachholen.
4. **Bei Schwangeren und Stillenden:** Schwangere und Stillende können im Ramadan das Fasten aussetzen, wenn das Fasten für sie oder ihr Kind ein Gesundheitsrisiko darstellt.
5. **Bei starkem Hunger oder Durst, wenn Gefahr für Körper und Geist besteht:** Leidet man beim Fasten dermaßen Hunger oder Durst, dass man ernsthaft um Körper oder Geist fürchten muss, darf man das Fasten abbrechen. Das abgebrochene Fasten wird später nachgeholt.
6. **Bei Altersschwäche:** Altersschwache Menschen können das Fasten aussetzen. Da sie das Fasten auch später nicht nachholen können, müssen sie für jeden Tag im Ramadan, den sie nicht fasten können eine *Ersatzleistung* (arabisch/türkisch: *fidye*) entrichten.

Gründe, die das Fasten ungültig machen und ein Nachholen erfordern

1. Bei der Gebetswaschung ungewollt Wasser zu verschlucken. Sei es beim Ausspülen des Mundes oder wenn man Wasser in die Nase zum Ausspülen hochzieht.
2. Farbe, die von einem Faden, den man in den Mund genommen hat, ausläuft, und die man dann mit dem Speichel schluckt.
3. Wenn man zum Abbrechen des Fastens gezwungen wird.
4. Sich absichtlich mundvoll zu übergeben.
5. In der irrigen Annahme das Fasten zu brechen, dass die Zeit für das Fastenbrechen schon angebrochen ist.
6. Weiterhin zu essen oder zu trinken, nachdem die Zeit für

das Einstellen des Essens und des Trinkens (arabisch/ türkisch: *imsâk*) eingetreten ist, in der irrigen Annahme, es sei noch Zeit bis dahin.

Gründe, die das Fasten ungültig machen und ein Nachholen sowie eine Sühne erfordern

Nachholen (arabisch: *qada*, türkisch: *kaza*) *Sühne* (arabisch: *keffâre*, türkisch: *keffaret*)

1. Das absichtliche Essen oder Trinken,
2. Geschlechtsverkehr
3. Rauchen

während des Fastens im Ramadan.

Ersatzleistungen für das Nicht-Fasten und den Fastenabbruch

Die Ersatzleistung für das Nicht-Fasten

Ist man alters- oder krankheitsbedingt (chronisch Kranke, bei denen auf absehbare Zeit keine Aussicht auf Heilung besteht) nicht in der Lage zu fasten, entrichtet man für jeden nicht gefasteten Tag des Ramadans eine Ersatzleistung. Der Betrag für diese Ersatzleistung richtet sich nach der Fitra-Abgabe und kann sowohl am Anfang als auch in der Mitte oder am Ende des Ramadans entrichtet werden. Je nachdem kann man entweder den gesamten Betrag einem Einzelnen geben oder diesen unter mehreren Bedürftigen verteilen. Wer alters- oder krankheitsbedingt nicht fasten konnte, dann aber doch wieder in die Lage hierzu kommt, muss die versäumten Tage nachholen. Die Ersatzleistung, die bis dahin erbracht wurde, hat keinerlei Gültigkeit mehr. Sie gilt dann nachträglich als freiwillige Spende.

Das Nachholen des Fastens: Ist das Fasten aus irgendeinem Grund ungültig geworden, muss für diesen Tag an einem anderen Tag gefastet, das Fasten damit nachgeholt werden.

Das Fasten in Sühne für ein absichtlich abgebrochenes Fasten: Wer das begonnene Fasten durch Essen, Trinken oder Geschlechtsverkehr absichtlich bricht, muss sühnend für den Abbruch zwei Monate bzw. 60 Tage hintereinander fasten. Zusätzlich ist auch der abgebrochene Tag nachzuholen. Wird das sühnende Fasten aus irgendeinem Grund unterbrochen, müssen diese 60 Tage wieder neu angesetzt werden. Anders sieht es aus bei Frauen. In den Tagen der Regelblutung setzen sie das Fasten aus und nach dem Ende der Regelblutung wieder fort.

Fälle, bei denen das Fasten weiterhin gültig bleibt.

1. Versehentlich essen und trinken, wenn man vergessen hat, dass man fastet.
2. Wasser, das ins Ohr einläuft.
3. Augentropfen anwenden.
4. Wenn man die *Ganzkörperwaschung* (arabisch: *ghusl*, türkisch: *gusül*) in der Nacht nicht vorgenommen hat und dies am Morgen nachholt.
5. Sich ungewollt übergeben.
6. Feucht träumen (arabisch/türkisch: *ihtilâm*).
7. Blutabnahme
8. Ungewollt Staub oder Rauch einatmen.
9. Den Speichel schlucken.

Welche Praktiken sind beim Fasten *mekrûh*?

1. Essen probieren, auch ohne es zu schlucken.
2. Absichtlich den Speichel sammeln und diesen schlucken.
3. Sich so viel Blut abnehmen lassen oder körperlich anstrengen, dass man schwach wird.

Welche Praktiken sind beim Fasten nicht *mekrûh*?

1. An etwas riechen.
2. Die Zähne ohne Zahnpasta putzen.
3. Den Mund mit Wasser ausspülen.
4. Wasser in die Nase hochziehen.
5. Duschen/Baden

Der Schwur
(arabisch/türkisch: yemin)

Schwurformen

Einen Schwur leistet, wer den Namen Allahs als Eideshelfer anführt, um damit seine Worte zu bekräftigen.

Es gibt drei Schwurformen:

1. Der Schwur in irriger Annahme oder Versehensschwur (arabisch: *yemînu l-laghw*, türkisch: *yemin-i lağv*): So nennt man einen Schwur, den man versehentlich geleistet hat. Wer z.B. bei Allah schwört: „Bei Allah (*wallâhi*)! Ich habe kein Geld!“, obwohl er welches hat und es nur nicht weiß, der tut dies hiermit in irriger Annahme. Eine Sühne fällt hier deswegen nicht an.

2. Der falsche Schwur (arabisch: *el-yemînu l-ghamûs*, türkisch: *yemin-i ğamus*): Schwört z.B. jemand: „Bei Allah! Ich habe ihn gesehen!“ – oder „Bei Allah! Ich habe meine Schulden bezahlt!“, obwohl er dies nicht getan hat, so schwört er für etwas, das nicht wahr ist. Ein solcher falscher Schwur ist eine schwere Sünde. Wer einen solchen falschen Schwur leistet, der muss Allah um Vergebung hierfür bitten. Hat er mit dieser Handlung zudem jemandem Unrecht getan, ihm geschadet, so muss er sein Unrecht wieder begleichen, indem er den Geschädigten um Entschuldigung bittet. Er kann dies mit nichts sühnen. Nur der von ihm Geschädigte kann ihn von dieser Schuld wieder frei sprechen, indem er ihm verzeiht.

3. Der bedingte Schwur (arabisch: *yemîn mun'aqide*, türkisch: *yemin-i mün'akide*): Der Schwur, in der Zukunft etwas zu tun oder auch nicht zu tun: „Bei Allah! Ich schwöre, ich werde morgen meine Schulden bezahlen!“ – oder auch: „Bei Allah! Ich schwöre, ich werde mit folgender Person nicht mehr reden!“ Wer einen solchen Schwur leistet und ihn nicht einhält, der hat damit seinen Schwur gebrochen und muss hierfür eine Sühne leisten.

Die Sühne für einen gebrochenen Schwur

Wer hinsichtlich einer Sache, die er zu tun bzw. nicht zu tun gedenkt, einen Schwur leistet und diesen bricht, muss sühnend hierfür zehn arme Menschen mit Kleidung ausstatten oder zehn armen Menschen einen Geldbetrag in Höhe der Fitra-Abgabe spenden. Ist man hierzu nicht in der Lage, so fastet man drei Tage hintereinander.

Schwört man, ein religiöses Gebot zu erfüllen oder von einer verbotenen Handlung von nun an Abstand zu nehmen, so muss man sich auch daran halten. Wer etwa schwört, dass er von nun an mit dem Trinken von Alkohol aufhört, der muss dies auch tatsächlich tun und darf seinen Schwur nicht brechen.

Wer jedoch einen Schwur leistet für eine schlechte Tat, der hat diesen zu brechen und eine Sühne wie oben beschrieben zu leisten. Schwört z.B. jemand, seine Schulden nicht zu bezahlen, so darf er sich natürlich nicht daran halten. Er hat dann diesen Schwur zu brechen und hierfür eine Sühne zu leisten.

4. Zekât und Fitra

Die Zekât

Die vierte Säule des Islam ist die Vermögensabgabe: *Zekât*. Sie gehört zu der Kategorie der Gottesdienste, die wir unter Einsatz unseres Vermögens verrichten oder erfüllen.

Zekât bedeutet, dass Muslime, die nach islamischer Definition als reich gelten, einmal jährlich bedürftigen Muslimen ein Vierzigstel ihres Besitzes und ihres Geldes abgeben. Die *Zekât* wird im Koran an 37 Stellen zusammen mit dem Ritualgebet erwähnt. Diese Betonung zeigt uns, wie wichtig sie im Islam ist. Das Entrichten der *Zekât* schützt den Menschen vor Geiz, bzw. reinigt ihn von diesem Geiz. Die *Zekât* reinigt das Vermögen des Menschen, indem sie das Anrecht der Anderen an diesem Vermögen an diese abführt. Die Reichen entwickeln durch diesen Gottesdienst Empathie für die Ärmeren. Die *Zekât* entwickelt in ihnen Barmherzigkeit. Bei den Bedürftigen sorgt sie dafür, dass kein Neid und keine Missgunst entstehen. Die *Zekât* ist also ein Gottesdienst, der insgesamt ein Miteinander und Füreinander in der Gesellschaft schafft und hier zur Einheit wie zur Brüderlichkeit beiträgt.

Die *Zekât* mehrt das Vermögen und macht es ertrag- und segensreicher. Vermögen und Besitz, auf den die *Zekât* entrichtet wird, werden dadurch vor dem Niedergang bewahrt. So sagte einst auch unser Prophet (s): *„Schützt euer Hab und Gut durch die Zekât."*[23]

Für wen ist die *Zekât* Pflicht?

Die *Zekât* zu entrichten ist verpflichtet, wer

1. Muslim ist,
2. Verstandes begabt ist,
3. die körperliche und seelische Reife erreicht hat,
4. ein freier Mensch ist,
5. nach den religiösen Bestimmungen als reich gilt. Das heißt, abzüglich seiner Grundbedürfnisse und Schulden (dem Freibetrag) ein *Mindestvermögen* (arabisch/türkisch: *nisâb*) an Sach- und Geldmitteln erreicht oder überschritten hat. Dieses Mindestvermögen muss wiederum

   a) den Gegenwert von 80.18 Gramm Gold erreichen,

   b) ein Mondjahr lang sich im Besitz des Gläubigen befun-

23 Et-Terghîb we-t-Terhîb, Bd. 1, S. 520.

den haben, sowie
c) die Eigenschaft haben, an Wert zu gewinnen.

Das Mindestvermögen
(arabisch/türkisch: *nisâb*)

Nach islamischer Definition ist reich, wer das hier formulierte Mindestvermögen, den *nisâb*, besitzt. Wer also abzüglich der eigenen Grundbedürfnisse eines durchschnittlichen Menschen und Schulden eine bestimmte Höhe an Sach- und Geldmitteln erreicht oder überschritten hat, gilt als reich und ist damit abgabepflichtig d.h. *zekât*-pflichtig.

Wer bekommt Zekât?

1. **Arme und Bedürftige**: Diejenigen, die das Mindestvermögen nicht erreichen und damit nach religiöser Definition nicht als reich eingestuft werden können.
2. **Völlig Mittellose**: Menschen ohne irgendeinen Besitz.
3. **Verschuldete**: Diejenigen, die über einen Betrag, mit dem sie ihre Schulden begleichen, keinen weiteren Besitz oder Reichtum haben, mit dem sie das Mindestvermögen erreichen könnten.
4. **Reisende**: Diejenigen, denen auf Reisen das Geld ausgegangen ist, auch wenn sie in ihrer Heimat Besitz haben. Diesen kann so viel *Zekât* entrichtet werden, dass sie mit dem Geld wieder nach Hause kommen.
5. **Menschen, die studieren.**

Folgende Reihenfolge ist zu berücksichtigen
Zunächst sollte man die eigenen Geschwister, die Kinder seiner Geschwister, seine Onkel und Tanten und dann die anderen Verwandten und nächsten Nachbarn berücksichtigen (gesetzt den Fall, dass diese empfangsberechtigt, weil arm im Sinne der religiösen Definition sind). Dann folgen die Bedürftigen aus der weiteren Nachbarschaft und dem ganzen Land. Es ist besser, die Abgabe an solche Menschen zu entrichten, die damit tatsächlich einen Bedarf decken, als an solche, bei denen zu befürchten ist, dass der ausgezahlte Betrag auf sündigen Wegen ausgegeben oder verschwenderisch damit umgegangen wird.

Besitz, der zur Zekât verpflichtet und der dafür zu entrichtende Betrag

1. **Gold:** Besitzt man mindestens 80.18 g oder mehr Gold, so muss man ein Vierzigstel (2,5%) davon abgeben.
2. **Silber:** Besitzt man mindestens 561 g oder mehr Silber, so muss man ein Vierzigstel davon abgeben.
3. **Geld:** Erreicht der Geldbetrag die Höhe des Mindestvermögens (den Gegenwert von 80,18 g Gold) oder noch darüber hinaus, so muss man ein Vierzigstel davon abgeben.
4. **Handelswaren:** Besitzt man Handelsgüter, mit deren Gegenwert man das Mindestvermögen oder einen Betrag darüber hinaus erreicht, so muss man ein Vierzigstel davon abgeben.

Auch bei der *Zekât* gilt: Die Bedingung für die Erfüllung ist die Absicht. Wer jemanden mit seiner *Zekât* beschenkt, der sollte dabei auch innerlich die Absicht fassen, dies in Erfüllung seiner *Zekât*-Pflicht zu tun. Dabei muss er diese Absicht nicht unbedingt auch aussprechen.

An wen kann die Zekât nicht entrichtet werden?

An

1. den eigenen Vater, die Mutter und die Großeltern,
2. die eigenen Söhne, Töchter und deren Kinder,
3. Reiche,
4. den eigenen Ehepartner.

Besitz, für den keine Zekât abzuführen ist

Für Besitz, mit dem wir die eigenen Grundbedürfnisse decken, sowie die der Angehörigen, um die wir uns zu kümmern verpflichtet sind, muss keine *Zekât* entrichtet werden. Zu diesen Grundbedürfnissen zählen das Haus, in dem man wohnt, die Hauseinrichtung, Kleidung, jede Art von Transportmitteln, Autos, sowie Reit- und Lasttiere für den Eigenbedarf, Bücher für den Eigenbedarf (die nicht zum Verkauf gedacht sind), Ausstattung und Handwerkszeug von Künstlern und Handwerkern, Nahrungsmittel, aus Perlen oder Edelsteinen hergestellter Schmuck, der nicht zum Verkauf bestimmt ist.

Die *Fitra-Abgabe*

Muslime, die Sach- und Geldmittel besitzen, mit denen sie das Mindestvermögen erreichen oder dieses überschreiten, müssen die *Fitra-Abgabe* leisten. Dies ist ihnen eine Wâdschib-Pflicht. Mit dieser *Fitra-Abgabe* muss eine bedürftige Person für einen Tag seinen Bedarf an Nahrungsmitteln decken können. Im Unterschied zur *Zekât* ist die Pflicht für das Entrichten der *Fitra*-Abgabe auch dann gegeben, wenn das Mindestvermögen noch kein Jahr alt ist und es nicht die Eigenschaft hat, an Wert zu gewinnen. Die Fitra ist eine Abgabe, die zum Ramadan an arme Menschen entrichtet wird. Dabei ist es besser, wenn dies noch vor dem Ramadanfest erfolgt. Am Festtag selbst oder nach den Festtagen kann man sie jedoch auch noch entrichten. Wer nach religiöser Definition reich ist (Mindestvermögen hat), ist dazu verpflichtet, diese Fitra für sich und seine Kinder im vorpubertären Alter zu entrichten.

Eine *Fitra-Abgabe* kann immer nur an einen armen Menschen gegeben und nicht aufgeteilt werden. Ein armer Mensch kann aber mehrere *Fitra-Abgaben* erhalten. Auch die *Fitra-Abgabe* ist ebenfalls an die Absicht gebunden. Die Absicht sollte dabei zwar gefasst werden, es sollte lieber dem Empfänger gegenüber aber nicht betont werden, dass es sich um eine *Fitra-Abgabe* handelt. Es reicht vollkommen aus, wenn man die Absicht zum *Fitra-Abgeben* innerlich gefasst hat. Die Empfänger der *Fitra-Abgabe* sind identisch mit denjenigen, die auch die *Zekât* erhalten. Wer im Ramadan wegen einer Verhinderung (Krankheit etc.) nicht fasten konnte, entrichtet trotzdem die *Fitra-Abgabe*, wenn er Geld oder Besitz im Gegenwert des Mindestvermögens hat.

5. Hadsch, Umra (Kleine Pilgerfahrt) und Darbringen von Opfertieren

Der Hadsch

Der Hadsch, die Pilgerfahrt nach Mekka, ist die fünfte Säule des Islam. Dafür müssen die Gläubigen zu einem bestimmten Zeitpunkt im Jahr bestimmte Orte besuchen und hierbei die vorgeschriebenen Riten ausführen.

Der Hadsch ist eine gottesdienstliche Handlung, welche mit dem Besitz und dem Körper vollzogen wird. Muslime, die die entsprechenden Bedingungen erfüllen, müssen einmal in ihrem Leben den Hadsch vollziehen. Wie bei jedem anderen Gottesdienst, so ist auch dem Hadsch ein tieferer Sinn und Weisheiten immanent und er birgt eine Reihe Nützliches für den Menschen in sich.

Für den Hadsch kommen Muslime aus aller Herren Länder an den Heiligen Stätten zusammen. Sie alle einigt dabei ein gemeinsames Ziel. Alle wollen sich hier Allah hinwenden und ihren Pflichtgottesdienst erfüllen. Der Hadsch ist damit auch ein Moment, der die geschwisterliche Verbundenheit unter den Gläubigen stärkt. Sie kommen hier nicht nur alle zusammen, sondern lernen sich kennen, tauschen sich aus, reden über ihre Sorgen und Probleme. Weder Reich gibt es hier noch Arm, Herkunft oder Rang haben hier keine Bedeutung. Wenn die Pilger erst ihr Pilgergewand anlegen und in den *ihram* treten, den Pilgerzustand, werden sie alle zu Gleichen unter Gleichen. Dieser Zustand weckt unter den Pilgern nicht nur das Gefühl der Gleichheit, sondern erinnert sie auch an den Tag, da sie alle vor dem Letzten Gericht zusammengerufen werden. Der Hadsch lehrt den Gläubigen zudem Geduld und Durchhaltevermögen. Er lehrt sie, nicht festzuhalten am Hab und Gut, mit den Menschen barmherzig zu sein und ihnen zu helfen.

Die Orte, in denen unser Prophet Muhammed (s) wirkte und der Islam seinen Anfang nahm, zu sehen und zu erleben, lässt die Herzen der Gläubigen höher schlagen. Hier, in den Heiligen Stätten, wähnt man sich Allah noch näher. Unsere Gottesdienste werden hier noch mehr entlohnt. Dieser Gottesdienst reinigt uns von den Sünden: Wer für Allah den Hadsch vollführt und sich dabei von Streitigkeiten mit den Pilgern zurückhält, der wird durch diesen Gottesdienst all seiner Sünden freigesprochen.[24] Ausgenommen sind diejenigen Sünden, mit denen man sich gegen seine Mitmenschen verschuldigt. Diese

24 Buchari, Muhsar, 9; Nesai, Hadsch, 4

Sünden werden nur die Geschädigten selbst entschuldigen können.

Für wen und wann ist der Hadsch Pflicht?

Pflicht wird der Hadsch für den, der

1. einen gesunden Verstand besitzt,
2. die körperliche und seelische Reife erreicht hat und
3. Muslim ist, dabei
4. ein freier Mensch und
5. sich bewusst darüber ist, dass der Hadsch ihm eine Pflicht darstellt,
6. über ausreichende materielle Mittel verfügt (über das Grundbedürfnis hinaus), um für die Dauer der Hadsch-Reise bis zur Rückkehr für sich und seine Angehörigen, sorgen zu können, für deren Unterhalt er verpflichtet ist,
7. genügend finanzielle Mittel hat, um für die Reise (Flug/Reise,Unterkunft) aufzukommen und
8. die Hadsch-Saison erreicht hat.

Die Voraussetzungen für die Durchführung des Hadsch

Wer die Pilgerfahrt machen will,

1. muss körperlich gesund sein,
2. darf keine Hindernisse haben, die ihn von der Hadsch-Reise abhalten könnten und
3. muss sich eines sicheren Reiseweges gewiss sein.
4. Die Reisebegleitung der Frau muss durch ihren Ehemann oder durch einen männlichen Verwandten erfolgen, mit dem sie im Ehehindernden Grade verwandt ist. (Nach der schafiitischen Rechtsschule kann die Frau, wenn sie bei ihrer Pilgerfahrt nicht von ihrem Ehemann oder einem männlichen Verwandten begleitet werden kann, in Begleitung von zwei oder mehr vertrauenswürdigen Frauen den Hadsch unternehmen.)
5. Verwitwete oder geschiedene Frauen dürfen erst nach Ablauf ihrer *Wartezeit* (arabisch: *'idde: türkisch: iddet*) zur Pilgerfahrt.

Die Fard-Pflichten des Hadsch

1. Der Eintritt in *den Ihrâm (*deutsch: *Weihezustand*)
2. *Das Stehen* bzw. *Innehalten* bei Arafat (arabisch: *waqfa*, türkisch: *vakfe*)
3. *Das Umkreisen* der Kaaba (arabisch/türkisch: *Tawâf*)

Die Varianten des Hadsch

Der Hadsch kann in drei Varianten durchgeführt werden:

1. **Ifrâd-Hadsch**: einfacher Hadsch, reiner Vollzug des Hadsch ohne Umra (Kleine Pilgerfahrt)
2. **Temettu-Hadsch**: Getrennter Vollzug von Umra und Hadsch, wobei man nach der Umra zwischenzeitlich aus dem *ihram* austritt und vor dem Hadsch wieder in diesen eintritt.
3. **Qirân-Hadsch**: Gemeinsamer Vollzug von Umra und Hadsch, wobei man Umra und Hadsch verbindet, ohne dazwischen aus dem *ihram* auszutreten.

Bei der Ifrâd-Pilgerfahrt ist das Opfern eines Tieres nicht W*âdschib*, beim Temettu- und beim Qirân-Hadsch schon.

Einige Hadsch-Begriffe

1. ***Ihrâm:*** Für diejenigen, die den *Hadsch* oder die *Umra* vollführen möchten, sind Dinge, die im Normalfall zugelassen sind, für einen bestimmten Zeitraum verboten. Fasst man die Absicht zum Hadsch oder zur Umra und spricht die *telbiye*, so befindet man sich mit diesem Ritus im Pilgerzustand, dem *Ihrâm*.
2. ***Telbiye:*** Die Bereitschaftsbekundung. Männer sprechen diese mit lauter Stimme, wenn sie ihr *Ihrâm*-Gewand angelegt haben. Frauen legen kein spezielles Gewand an und sprechen die *talbiya* mit leiser Stimme:

لَبَّيْكَ اَللّٰهُمَّ لَبَّيْكَ ، لَبَّيْكَ لَا شَرِيكَ لَكَ لَبَّيْكَ ، اِنَّ الْحَمْدَ وَالنِّعْمَةَ لَكَ وَالْمُلْكُ
لَا شَرِيكَ لَكَ

Lebbeyk Allâhumme lebbeyk, lebbeyke lâ scherîke leke lebbeyk, inne l-hamde wen-ni'mete leke wel-mulk, lâ scherîke lek

Zu Deinen Diensten o Allah, zu Deinen Diensten. Zu Deinen Diensten, Du hast keinen Teilhaber, zu Deinen Diensten. Alles Lob und Dank gebühren Dir, sowie alle Gaben Dein sind und der Besitz. Du hast keinen Teilhaber.

3. ***Tawâf:*** Das Umrunden der Kaaba. Eines der Hadsch-Rituale ist die siebenmalige Umrundung der Kaaba.
4. ***Sa'y:*** Der Lauf zwischen den Hügeln Safa und Marwa, die sich beide in der Nähe der Kaaba befinden. Sieben Mal laufen die Pilger zwischen den beiden Hügeln hin und her. Vier Mal beginnend von Safa und drei Mal in umgekehrter Richtung. Dieser Hadsch-Ritus gehört zu den Wâdschib-Pflichten des Hadsch.
5. ***Waqfe:*** Das Stehen bzw. Innehalten am Berge Arafat. Während des Hadsch hält man sich eine bestimmte Zeit bei Arafat und Muzdelife auf. Die Waqfe bei Arafat ist eine Fard-, die bei Muzdelife eine Wâdschib-Pflicht.

Die Durchführung des Hadsch

Der Ifrâd-Hadsch

Wer den Hadsch-Gottesdienst erfüllen will, der achtet darauf, dass er Einkommen aus rechtmäßiger Arbeit hat. Wenn er Schulden hat, zahlt er diese zurück. Und hat er sich gegen seine Mitmenschen versündigt, ihre Rechte verletzt, so bittet er sie um Vergebung dieser Schuld. Schließlich bittet er Allah um Vergebung seiner Sünden. Hat er Gottesdienste versäumt, holt er diese, so gut es geht, nach. Derart vorbereitet, verrichtet er vor Antritt der Reise zum Hadsch zuhause noch zwei Gebetseinheiten (arabisch: *raq'a*, türkisch: *rekat*). Wenn er sich dann von Familie, Freunden und Nachbarn verabschiedet, bittet er diese nochmal darum, dass sie ihm eventuelle Vergehen entschuldigen und macht sich dann auf den Weg. Unterwegs und dann in den Heiligen Stätten achtet er darauf, dass er mit Wort oder Tat niemanden kränkt.

Bevor er *die Mîqât-Grenze* erreicht, nach der die *Ihrâm-Verbote* gelten, schneidet er sich noch die Nägel und reinigt auch sonst seinen Körper gründlich in Vorbereitung auf den folgenden Gottesdienst. Wenn nötig, nimmt er noch die Ganzkörperwaschung vor bzw. die Gebetswaschung.

Männer legen ihre Kleidung ab, um ihr Pilgergewand, den *Ihrâm*, anzulegen. Dieser besteht aus zwei Tüchern, mit denen sie sich einhüllen. Solange sie sich im Pilgerzustand befinden, halten sie Kopf und Füße unbedeckt. Frauen legen das Gewand nicht an, sie behalten ihre normale Kleidung an.

An der *Mîqât-Grenze* angekommen, wird der Sunna des Propheten Muhammed (s) entsprechend ein Ritualgebet mit zwei Einheiten verrichtet, bevor man dann die Absicht für den Hadsch fasst und die *telbiye* spricht. Mit diesem Ritus ist man in den *Ihrâm* eingetreten. Hiernach hat man all die Dinge zu vermeiden, die der *Ihrâm-Zustand* untersagt.

In Mekka vollzieht man nochmal *die Ganzkörperwaschung* bzw. *die Gebetswaschung*. Dann treten die Gläubigen in *den Haram Scharîf* ein und umrunden hier zur Ankunft die Kaaba sieben Mal, führen somit den *Ankunfts-Tawâf* durch. Als nächstes verrichten sie in zwei Gebetseinheiten das *Tawâf-Gebet* und begeben sich dann für den *Sa'y* Richtung Safa, von wo aus der siebenmalige Lauf zwischen Safa und Marwa beginnt. Hiernach verweilen die Pilger in Mekka, wobei sie noch im *Ihrâm-Zustand* verbleiben und aus diesem nicht austreten. Nach Möglichkeit sollte man die Ritualgebete hier im *Haram Scharîf* verrichten und wenn man Zeit und Gelegenheit dazu hat, noch zusätzlich mehrere freiwillige *Tawâf* machen. Dies ist sehr verdienstreich für den Gläubigen.

Am 8. des Mondmonats *Zilhiddsche* begeben sich die Gläubigen nach Minâ und bleiben dort, beten am 9. *Zilhiddsche* das Morgengebet und gehen dann zum *Arafat-Tal* und verbleiben hier bis Sonnenuntergang. (Der Aufenthalt am 8. *Zilhiddsche* in Mina ist Sunna des Propheten (s).) Die Zeit zum *Arafat-Tal* verbringen die Gläubigen in Gebeten und Gottesdiensten. Die Gläubigen beten hier das Mittags- und das Nachmittagsgebet *vorgezogen* und *zusammengelegt* (arabisch: *dschem'u t-taqdîm*, türkisch: *cem-i takdim*) in der Zeit des Mittagsgebets. Danach erfolgt die *Waqfe*. Nach Sonnenuntergang brechen die Gläubigen auf nach Muzdelife, ohne das Abendgebet vorher zu verrichten. In Muzdelife wird das Abendgebet dann mit dem Nachtgebet zusammengelegt verrichtet (arabisch: *dschem'u t-te'chîr*, türkisch: *cem-i tehir*). Die Hadsch-Anwärter, die die Nacht in Muzdelife verbringen, sammeln hier Steine für die symbolische Steinigung der in Wandsäulenform dargestellten Satane.

Am Morgen des ersten Festtags wird dann das Morgen-Gebet frühzeitig verrichtet. Danach macht man noch eine *Waqfe* bei Muzdelife und bricht nach Tagesanbruch auf zur nächsten Station, nach Mina.

Der erste Festtag in Mina läuft folgendermaßen ab:

1. Bei den *Dschemerât*, (zu steinigenden Wandsäulen), die den Satan symbolisieren, wird die große Wandsäule, die *'Aqabe-Dschemre*, mit sieben kleinen Steinen, einzeln geworfen, gesteinigt.
2. Der Pilger schert dann seine Haare und tritt damit aus dem *Ihrâm* aus. Da für diejenigen, die den einfachen *Hadsch Ifrad* vollführen, das Darbringen eines Opfertieres keine Wâdschib-Pflicht ist, rasieren oder kürzen diese ihre Haare schon nach der Steinigung der *'Aqabe-Dschemre* und treten aus dem *Ihram-Zustand* aus. Wer den *Temettu-* oder den *Qirân-Hadsch* macht, bringt hier nach der Steinigung zunächst ein Opfertier dar, bevor er seine Haare schneidet oder rasiert und aus dem *Ihrâm* austritt.
3. Wenn Zeit und Möglichkeit gegeben sind, begibt man sich am selben Tag noch nach Mekka, um dort den pflichtigen *Besuchs-Tawâf* zu machen.

Der zweite Festtag: Der Reihe nach werden die kleine, die mittlere und die große *Dschemre ('Aqabe-Dschemre)* je sieben Mal gesteinigt. Wer am ersten Festtag den *Besuchs-Tawâf* nicht machen konnte, führt ihn jetzt am zweiten Tag durch.

Der dritte Festtag: Wieder werden die kleine, mittlere und große *Dschemre* sieben Mal gesteinigt. Am selben Tag kehren die Pilger von Mina nach Mekka zurück und schließen hier den Hadsch mit der letzten seiner Stationen, dem *Abschieds-Tawâf,* ab.

Der Temettu-Hadsch

Wer den *Temettu-Hadsch* machen will, begibt sich an der *Miqat-Grenze* für die Durchführung der Umra in den Ihrâm. In Mekka angelangt, führt er die Umra durch und tritt dann wieder aus dem *Ihrâm*, indem er seine Haare schert. Bis zum Vortag des Arafat-Tags verbringt er seine Zeit in Mekka und ist dabei nicht im *Ihrâm-Zu-*

stand. Am Vortag des Arafat-Tags tritt er in Mekka wieder in den *Ihrâm*, diesmal für den Hadsch, und führt jetzt den Hadsch wie oben beschrieben durch.

Im Unterschied zum einfachen Hadsch aber führt er bei der großen *Dschemre*, der ***'Aqabe-Dschemre***, die Steinigung durch, wonach ein Opfertier geschlachtet wird. Dies wird heutzutage zentral organisiert. Erst dann tritt er aus dem *Ihrâm* aus, indem er seine Haare schert. Nach dem *Besuchs-Tawâf* führt er dann auch den Sa'y durch.

Der Qirân-Hadsch

Für den *Qirân-Hadsch* fasst der Pilger an der *Mîqât-Grenze* die Absicht für beides, die Umra wie den Hadsch und tritt in den *Ihrâm* ein, um mit diesem einen *Ihrâm* Umra und Hadsch hintereinander durchzuführen. Wenn er Mekka erreicht hat, macht er hier zunächst die Umra. Nach der Umra führt er den *Ankunfts-Tawâf* und den *Sa'y* des Hadsch durch. Nach alledem tritt er jedoch nicht aus dem *Ihrâm* aus. Er bleibt in diesem und wenn der Vortag des Arafat-Tages gekommen ist, begibt er sich auf den Berg Arafat und führt die Hadsch-Riten wie beschrieben durch. Auch für den *Qirân-Hadsch* gilt: Im Unterschied zum einfachen Hadsch wird auch hier am ersten Festtag bei der *'Aqabe-Dschemre* die Steinigung durchgeführt und anschließend ein Opfertier dargebracht, bevor man die Haare schert und damit aus dem *Ihrâm* tritt.

Die Umra

Neben dem Hadsch, der großen Pilgerfahrt, gibt es noch die Umra, die kleine Pilgerfahrt. Wer die Umra machen will, begibt sich dem Ritus entsprechend in den *Ihrâm*, vollführt den *Tawâf* sowie *Sa'y* und schert anschließend die Haare, um entsprechend wieder aus dem *Ihrâm* auszutreten.

Die Umra ist eine Sunna. Sie kann zu jedem beliebigen Zeitpunkt im Jahr durchgeführt werden, eine festgelegte Zeit wie beim Hadsch gibt es hierfür nicht. Ausgenommen sind folgende fünf Tage im Jahr: der *'Arafa-Tag* (der Vortag des Opferfestes) und die anschließenden vier Opferfest-Tage. Nur in diesen Tagen kann man die Umra nicht machen.

Die Durchführung der Umra

Wer die Umra machen will, führt noch vor der *Mîqât-Grenze* die notwendige Körperreinigung durch, fasst dann hier an der Grenze die Absicht für die Durchführung der Umra und begibt sich mit der *Telbiye* in den *Ihrâm*. In Mekka wird dann der *Tawâf* für die Umra vollzogen. Danach wird in zwei Gebetseinheiten das *Tawâf-Gebet* verrichtet und der *Sa'y* zwischen Safa und Marwa vollzogen. Nach dem *Sa'y* werden die Haare geschoren und man tritt damit wieder aus dem *Ihrâm*. Die Umra ist damit vollzogen.

Opfern eines Schlachttieres als Gottesdienst und das Opfertier

Die Bedeutung des Opferns

Beim Opfern handelt es sich um einen Gottesdienst, der unter Einsatz des Besitzes vollzogen und bei dem ein geeignetes Tier geschlachtet wird. Mit dem Darbringen eines Opfertieres bezeugen wir unsere Ergebung in Allah und unsere Dankbarkeit für Seine zahlreichen Gaben. Durch das Opferfleisch, das die Reicheren den Armen austeilen, wird zwischen den Muslimen das Gefühl der Brüderlichkeit und Liebe verstärkt.

Unser Prophet Muhammed (s) hat die Bedeutung des Opfern eines Schlachttieres wie folgt betont: *„Wer vermögend ist und kein Opfertier darbringt, der soll sich nicht unserer Moschee nähern!“* [25]

Für wen ist Opfern Pflicht?

1. Muslimen, die
2. Verstandes begabt sind,
3. die körperliche und seelische Reife erreicht haben,
4. frei und
5. sesshaft (sich nicht auf Reisen befinden) sind,
6. Sach- und Geldmittel besitzen, mit denen sie das Mindestvermögen (arabisch/türkisch: *nisâb*) erreichen

ist das Schlachten eines Opfertieres eine Wâdschib-Pflicht.

Wer vor dem Opferfest nach religiöser Definition arm war und in den Tagen des Festes seinen Besitz gemehrt hat, so dass er mit Besitz oder Geldmitteln das Mindestmaß und damit das Kriterium für Reichtum erfüllt hat, der muss noch in den Tagen dieses Opferfestes ein Opfertier darbringen.

Wâdschib-Pflicht gilt dabei nicht nur für Männer. Auch Frauen,

25 Ibn Madsche, Edahî, 2.

die das Mindestvermögen besitzen, ist die Erfüllung dieses Gottesdienstes eine solche Pflicht.

Wie und wann wird geopfert?

Geopfert wird am ersten, zweiten und dritten Tag des Opferfestes. Nach Sonnenuntergang am dritten Festtag kann nicht mehr geopfert werden. Für die Erfüllung des Opfergottesdienstes müssen unbedingt diese Zeiten eingehalten, das Tier innerhalb dieser drei Tage geopfert werden.

Das Opfertier sollte man dabei unbedingt gut behandeln, wenn man es zum Ort führt, an dem es geschächtet werden soll. Das Messer muss gut geschliffen sein, damit dem Tier nicht unnötig Leid zugefügt wird. Wenn möglich, sollte man das Tier selbst schächten. Man kann es aber auch ausführen lassen.

Wer ein Tier geopfert hat, kann davon andere speisen lassen und auch selbst von dem Opferfleisch essen. Das Fleisch des Opfertieres wird in drei Teile aufgeteilt. Den ersten Teil sollte man an Arme weitergeben, die nicht in der Lage sind zu opfern. Den zweiten Teil überlässt man Verwandten und Bekannten, den dritten Teil nimmt man für sich selbst und die Familienangehörigen. Es ist aber auch möglich, das gesamte Opferfleisch zu verteilen.

Welche Tiere können als Opfer dargebracht werden?

Als Opfertiere können nur Schafe, Ziegen, Rinder, Büffel und Kamele dargebracht werden. Schafe und Ziegen müssen hierfür mindestens ein, Rinder und Büffel zwei, und Kamele fünf Jahre alt sein. Ist das Schaf zwar erst sechs Monate alt, aber so ausgewachsen, dass es aussieht wie ein ein Jahr altes Schaf, so kann auch dieses geopfert werden. Für Ziegen gilt dies nicht, sie müssen tatsächlich ein Jahr alt sein.

Das Gelöbnisopfer

(arabisch: *nazîr*, türkisch: *adak kurbanı*)

Ein Gelübde leistet, wer sich selbst zu etwas verpflichtet, obwohl er dies nicht tun muss. Im Islam unterscheiden wir zwei Formen des Gelübdes:

1. Das zweckfreie Gelübde:
   Wenn jemand gelobt, ein Opfertier einfach nur für das Wohlgefallen Allahs darzubringen, so steht er damit in der Pflicht, dieses Gelübde auch zu erfüllen. Die Erfüllung ist ihm dann eine Wâdschib-Pflicht. Er kann diese Pflicht zu einem ihm beliebigen Zeitpunkt einlösen.

2. Das zweckgebundene Gelübde:
   Man kann auch etwas zweckgebunden geloben: also sich dazu verpflichten, ein Opfertier zu schlachten, wenn ein bestimmter Fall eintritt oder auch nicht eintritt. Wer z.B. gelobt ein Opfertier darzubringen, wenn sein Angehöriger wieder gesund wird, dem wird die Erfüllung dieses Gelübdes eine Wâdschib-Pflicht ab dem Zeitpunkt der Genesung seines Angehörigen. Bringt er ein Opfertier vorauseilend dar, noch bevor sein Angehöriger genesen ist, hat er damit sein Gelübde noch nicht erfüllt und steht noch in der Pflicht dies zu tun.
   Für ein Gelöbnisopfer können nur Tiere dargebracht werden, die auch sonst als Opfertier gelten. Man kann z.B. nicht geloben ein Huhn oder einen Hahn zu opfern, da diese auch sonst nicht in Erfüllung des Opfergottesdienstes dargebracht werden können.
   Das Fleisch des Gelöbnisopfers muss komplett an Bedürftige verteilt werden. Es kann davon weder derjenige verzehren, der das Tier in Erfüllung seines Gelübdes dargebracht hat, noch der Ehepartner, die Eltern, Großeltern, die Kinder oder die Enkelkinder. Vom Fleisch kann auch nicht verzehren, wer im religiösen Sinne reich ist, wer also Vermögen oder Geld in Höhe des Mindestvermögens hat.

Ein Opfertier im Namen der Verstorbenen darbringen

Wer im Namen seiner verstorbenen Familienmitglieder ein Opfertier darbringen will, der macht dies in den Tagen des Opferfestes. Vom Fleisch dieses Tieres kann sowohl derjenige essen, der es dargebracht hat, als auch andere.

Hat der Verstorbene verfügt, dass ein Opfertier für ihn dargebracht werden soll, so kann derjenige, der diese Verfügung erfüllt, vom Fleisch dieses Tieres nicht essen, da dieses als Gelöbnisopfer gilt. Er muss das Fleisch komplett an Bedürftige verteilen.

Wer ein Tier nicht als Opfertier schächten will, sondern um das Fleisch des Tieres an Bedürftige zu verteilen, der kann dies zu einem ihm beliebigen Zeitpunkt im Jahr tun.

6. Der Freitag, die Hochfeste sowie die besonderen Tage und Nächte

Der Freitag

Der Freitag ist für die Muslime wie ein Festtag. Das Freitagsgebet wird an diesem Tag gemeinsam mit der Gemeinde verrichtet. Dadurch bekommen die Muslime die Gelegenheit zu Zusammenkunft und Austausch. Zudem schafft dies Einheit und Zusammenhalt.

Der Freitag ist ein besonders gesegneter Tag voller Vorzüge. Über den Freitag sagte unser Prophet Muhammed (s):

„Der beste Tag, über den je die Sonne aufgegangen ist, ist der Freitag.“ [26]

„Eine Stunde kommt im Freitag vor, wer von den Gläubigen in dieser von Allah etwas erbittet, dem wird Er dies stattgeben.“ [27]

Die Festtage: Ramadan- und Opferfest

Wie zuvor schon erwähnt, haben wir Muslime im Jahr zwei Hochfeste: das Ramadanfest (arabisch: *'îdu l-fitr*, türkisch: *Ramazan Bayramı*) und das Opferfest (arabisch: *'îdu l-adhâ*, türkisch: *Kurban Bayramı*).

Die Festtage sind uns Muslimen Tage der Freude. Diese gilt dem

26 Riyâdu s-Sâlihîn, Bd. 2, S. 439.
27 Ebd., S. 422.

erfüllten Dienst an Allah. Sie gilt dem Umstand, das Fastengebot bzw. den Opfergottesdienst erfüllt zu haben. Sie gilt auch der Gelegenheit, sich wieder mit der Gemeinde zum Festtagsgebet einfinden und dieses wieder gemeinschaftlich verrichten zu können.

Die *Zekât* und die *Fitra-Abgabe* im Ramadan schaffen eine Atmosphäre der Hilfsbereitschaft und Solidarität. Ebenso einträglich für die Gemeinschaftlichkeit wirkt sich der Opfergottesdienst aus, wenn das Fleisch des Opfertieres dann an die Bedürftigen verteilt wird.

An Festtagen werden die Eltern und älteren Menschen besucht, solche, die miteinander gebrochen haben und nicht mehr miteinander sprechen, wieder versöhnt, Geschenke werden ausgetauscht und dadurch die Freundschaft untereinander vertieft. Die Festtagsfreude stärkt die religiösen und traditionellen Werte. Der Friede der Festtage lässt die Muslime ihre Erschöpfung und ihre Sorgen vergessen.

An den Festtagen beglückwünschen sich die Muslime gegenseitig, und es wird auch an diejenigen gedacht, die in der Ferne wohnen. Friedhöfe werden besucht und für das Seelenheil der Verstorbenen gebetet, der Koran gelesen und die Fitra-Abgabe entrichtet.

Die gesegneten drei Monate und die besonderen Nächte

Der Geburtstag des Propheten Muhammed (s): Die Mawlid-Nacht

Der letzte Prophet, der zur Rechtleitung der Menschheit gesandt wurde, ist unser Prophet Muhammed (s). Er wurde im Jahre 571 und nach dem islamischen Kalender in der zwölften Nacht des *Rabî'u l-Ewwel* geboren. Seit Jahrhunderten begehen die Muslime diese Nacht, die Mawlid-Nacht (türkisch: *Mevlid Kandili*), in Freude. In dieser Nacht wird in Moscheen aus dem Koran gelesen und islamische Gesänge vorgetragen. Somit vergegenwärtigen die Muslime Allahs Botschaft an die Menschen nochmals.

Die Reghaib-Nacht

Die Monate Redscheb, Scha'bân und Ramadan, die sogenannten „gesegneten drei Monate", sind den übrigen Monaten hinsichtlich ihres Segensreichtums überlegen. Wenn der Radschab anbrach, betete unser Prophet Muhammed(s) wie folgt:

„O Allah! Mach uns den Radschab und den Scha'bân zum

Segen und lass uns auch den Ramadan noch erleben.“ [28]

Die erste Freitagnacht im Monat Radschab ist die Reghaib-Nacht (türkisch: *Regaib Kandili*). In dieser Nacht werden die Bittgebete von Allah besonders angenommen; Er ist besonders großzügig in Seiner Barmherzigkeit und Seinem Vergeben. Der Prophet Muhammed (s) sagte diesbezüglich:

> *„Fünf Nächte gibt es, in denen Bittgebete nicht abgewiesen werden. Diese sind:*
> 1. *Die erste Freitagnacht im Redscheb*
> 2. *Die Nacht des fünfzehnten Scha'bân*
> 3. *Die Nächte auf den Freitag*
> 4. *Die Nacht auf das Ramadanfest*
> 5. *Die Nacht auf das Opferfest“* [29]

Die Nacht der Himmelfahrt des Propheten Muhammed (s): Die Mi'râdsch-Nacht

Auf Einladung Allahs wurde unser geliebter Prophet Muhammed (s) in einer Nacht von Mekka zum Masdschid Aqsâ in Jerusalem gebracht, um von dort aus mit Engel Dschebrail durch alle Himmelsebenen hochzusteigen bis zur höchsten erreichbaren Stelle, der Sidratu l-Munteha. Diese nächtliche Reise von Mekka nach Jerusalem wird als „Isrâ“ (deutsch: *Nachtreise*) bezeichnet, und die Reise, die von Jerusalem aus in den Himmel ging, als „Mi'radsch“ (Deutsch: *Himmelfahrt*). Als Geschenk von dieser nächtlichen Himmelfahrt überbrachte der Prophet Muhammed (s) der muslimischen Gemeinde das täglich fünfmalige Ritualgebet. Die Himmelfahrt des Propheten Muhammed (s), die sich in der Nacht des 27. Redscheb begeben hat, zählt zu seinen größten Beglaubigungswundern (arabisch: *mu'dschize*, türkisch: *Mucize*).

Die Nacht der Vergebung: Die Berâ'a-Nacht

Die 15. Nacht im Monat Scha'bân ist die *„Berâ'a-Nacht“*, (deutsch: *die Nacht der Vergebung*, türkisch: Beraat *Gecesi*). Sie ist die Nacht, in der Allah den Gläubigen, die sich Ihm zuwenden und Ihn um Vergebung bitten, vergibt. Unser Prophet

28 Dschâmi'u s-Saghîr, Bd. 5, S. 131.

29 Ebd., Bd. 3, S. 454.

Muhammed (s) riet uns dazu, in dieser Nacht aufzubleiben und Allah im Gebet zu erbitten, was wir auf dem Herzen haben.

Die Nacht der Bestimmung: Die Qadr-Nacht

Die 27. Nacht des Ramadans ist die *Nacht der Bestimmung* (arabisch: *leyletu l-qadr*, türkisch: *Kadir Gecesi*). Die Herabsendug des gnadenreichen Korans, der den Menschen im Diesseits und im Jenseits den Weg zur Glückseligkeit aufzeigt, begann in der *Nacht der Bestimmung*. Die Berufung des Propheten Muhammed (s) geschah in dieser Nacht und in dieser Nacht begann die Geschichte des Islam. Diese wichtigen Ereignisse sind es, die der Nacht der Bestimmung ihre besondere Bedeutung und ihren hohen Stellenwert verleihen. Im Koran wird betont, dass die Nacht der Bestimmung segensreicher als tausend Monate ist.[30]

30 Koran, 97/Qadr; 3

Teil III
Die Bittgebete und einige kurze Suren für das Ritualgebet

Bittgebete, für das Ritualgebet und ihre Bedeutung

Subhâneke

سُبْحَانَكَ اَللّٰهُمَّ وَ بِحَمْدِكَ وَ تَبَارَكَ اسْمُكَ وَ تَعَالٰى جَدُّكَ (وَ جَلَّ ثَنَاؤُكَ) وَ لَآ
اِلٰهَ غَيْرُكَ

Subhâneke Allâhumme we-bi-hamdike we-tebârakesmuke we-te'âla dschedduke (we-dschellâ senâ'uke) we-lâ ilâhe ghayruke.*

O Allah! Du bist fern von aller Unvollkommenheit. Im Wissen um diese Deine Eigenschaft lobpreise ich Dich. Dein Name ist gesegnet. Erhaben ist Deine Existenz. (Wie prächtig ist es Dich zu lobpreisen.)* Es gibt keine Gottheit außer Dir.

* Dieser Zusatz wird nur im Totengebet gesprochen.

Tahiyyât

اَلتَّحِيَّاتُ لِلّٰهِ وَالصَّلَوَاتُ وَالطَّيِّبَاتُ، اَلسَّلَامُ عَلَيْكَ اَيُّهَا النَّبِيُّ وَرَحْمَةُ اللّٰهِ
وَبَرَكَاتُهُ، اَلسَّلَامُ عَلَيْنَا وَعَلٰى عِبَادِ اللّٰهِ الصَّالِحِينَ، اَشْهَدُ اَنْ لَآ اِلٰهَ اِلَّا اللّٰهُ وَاَشْهَدُ
اَنَّ مُحَمَّدًا عَبْدُهُ وَرَسُولُهُ

Et-Tehiyyâtu lillâhi wes-salewâtu we-t-tayyibâtu, es-selâmu 'aleyke eyyuhen-nebiyyu we-rahmetullâhi we-barakâtuhû, es-selâmu 'alaynâ we 'alâ 'ibâdillâhis-sâlihin, esch-hedu ellâ ilâhe illallâh, we-esch-hedu enne muhammeden 'abduhû we-rasûluh.

Alle gottesdienstlichen Handlungen, die wir mit unserer Zunge, unserem Körper oder aber mit unserem Vermögen verrichten, sind für Allah. Friede sei mit dir o Prophet sowie Allahs Barmherzigkeit und Segen. Friede sei auf uns und auf die rechtschaffenen Diener Allahs. Ich bezeuge, dass es keine Gottheit außer Allah gibt, und ich bezeuge, dass Muhammad Sein Diener und Gesandter ist.

Allâhumme-Salli

اَللّٰهُمَّ صَلِّ عَلٰى مُحَمَّدٍ وَعَلٰٓى اٰلِ مُحَمَّدٍ كَمَا صَلَّيْتَ عَلٰٓى اِبْرَاهِيمَ وَعَلٰٓى اٰلِ
اِبْرَاهِيمَ اِنَّكَ حَمِيدٌ مَجِيدٌ

Allâhumme salli ´alâ muhammedin we-´alâ âli muhammedin kemâ salleyte ´alâ ibrâhîm we-´alâ âli ibrâhîm inneke hamîdun medschîd.

O Allah! Schenke Muhammed sowie dem Hause Muhammed (s) (seinen Familienangehörigen) Heil, so wie du Ibrahim und seinem Hause Heil geschenkt hast. Wahrlich, Du bist der zu Lobende, der Ruhmreiche.

Allâhumme-Bârik

اَللّٰهُمَّ بَارِكْ عَلٰى مُحَمَّدٍ وَ عَلٰٓى اٰلِ مُحَمَّدٍ كَمَا بَارَكْتَ عَلٰٓى اِبْرَاهِيمَ وَ عَلٰٓى اٰلِ
اِبْرَاهِيمَ اِنَّكَ حَمِيدٌ مَجِيدٌ

Allâhumme bârik ´alâ muhammedin we-´alâ âli muhammedin kemâ bârekte ´alâ ibrâhîm we-´alâ âli ibrâhîm inneke hamîdun medschîd.

O Allah! Segne Muhammed und das Haus Muhammed (s), so wie du Ibrahim und sein Haus gesegnet hast. Wahrlich, Du bist der zu Lobende, der Ruhmreiche.

Rabbenâ-Âtinâ

رَبَّنَا اٰتِنَا فِى الدُّنْيَا حَسَنَةً وَفِى الْاٰخِرَةِ حَسَنَةً وَقِنَا عَذَابَ النَّارِ

Rabbenâ âtinâ fid-dunyâ haseneten we fil-âchirati haseneten we-qina ´azâba n-nâr.

O unser Herr! Gib uns auf Erden Gutes sowie im Jenseits Gutes und bewahre uns mit Deiner Barmherzigkeit vor der Qual des Feuers.

Rabbenâghfirli

رَبَّنَا اغْفِرْ لِى ولِوَالِدَىَّ ولِلْمُؤْمِنِينَ يَوْمَ يَقُومُ الْحِسَابُ بِرَحْمَتِكَ يَا اَرْحَمَ
الرَّاحِمِينَ

Rabbenâghfirlî we-li-wâlideyye we-lil-mu'minîne yewme yaqûmul-hisâb bi-rahmetike yâ erhamer-râhimîn.

O unser Herr! Vergib mir am Tage, an dem das Jüngste Gericht abgehalten (und jeder zur Rechenschaft gezogen) wird, und vergib an diesem Tag auch meinen Eltern und den Gläubigen! O Du Barmherzigster aller Barmherzigen!

Die Qunût-Bittgebete

اَللّٰهُمَّ اِنَّا نَسْتَعِينُكَ ونَسْتَغْفِرُكَ ونَسْتَهْدِيكَ ونُؤْمِنُ بِكَ ونَتُوبُ اِلَيكَ ونَتَوَكَّلُ
عَلَيْكَ ونُثْنِى عَلَيْكَ الْخيْرَ كُلَّهُ نَشْكُرُكَ ولَا نَكْفُرُكَ ونَخلَعُ ونَتْرُكُ مَنْ يَفْجُرُكَ

Allâhumme innâ neste'înuke we-nestaghfiruke we-nestehdîke we-nu'minu bike we-netûbu ileyke we-netewekkelu 'aleyke we-nusnî 'aleykel-chayra kullehû neschkuruke we-lâ nekfuruke we-nachla'u we-netruku men yefdschuruke.

O Allah! Dich ersuchen wir um Hilfe, Dich bitten wir um Vergebung und um Rechtleitung. An Dich glauben wir und Dir wenden wir uns in reumütiger Abkehr zu. Und Dir vertrauen wir. Dich preisen wir und auf Dich führen wir alles Gute zurück. Dir danken wir wegen all Deiner Gaben und leugnen Dich nicht. Wir wenden uns ab und verlassen denjenigen, der sich gegen Dich versündigt.

اَللّٰهُمَّ اِيَّاكَ نَعْبُدُ ولَكَ نُصَلِّى ونَسْجُدُ واِلَيْكَ نَسْعٰى ونَحْفِدُ نَرْجُو رَحْمَتَكَ
ونَخْشٰى عَذَابَكَ اِنَّ عَذابَكَ بِالْكُفَّارِ مُلْحِقٌ

Allâhumme iyyâke na'budu we-leke nusallî we-

nesdschudu we-ileyke nes'â we-nahfidu nardschu rahmeteke we-nachschâ 'azâbeke inne 'azâbeke bil-kuffâri mulhiq.

O Allah! Nur Dich beten wir an, nur für Dich verrichten wir das Ritualgebet und werfen uns dabei vor Dir nieder. Dein Wohlgefallen wollen wir erlangen. Mit Freude erfüllen wir unsere Gottesdienste. Wir bitten Dich um Deine Barmherzigkeit, und fürchten uns vor Deiner Strafe. Wahrlich, Du bestrafst diejenigen, die leugnen.

Einige kurze Suren für das Ritualgebet und ihre Bedeutung[31]

1. Sure – Die Fâtiha (Die Eröffnende)

بِسْمِ اللّٰهِ الرَّحْمٰنِ الرَّح۪يمِ ﴿١﴾ اَلْحَمْدُ لِلّٰهِ رَبِّ الْعَالَم۪ينَۙ ﴿٢﴾ اَلرَّحْمٰنِ الرَّح۪يمِۙ ﴿٣﴾ مَالِكِ يَوْمِ الدّ۪ينِۜ ﴿٤﴾ اِيَّاكَ نَعْبُدُ وَاِيَّاكَ نَسْتَع۪ينُۜ ﴿٥﴾ اِهْدِنَا الصِّرَاطَ الْمُسْتَق۪يمَۙ ﴿٦﴾
صِرَاطَ الَّذ۪ينَ اَنْعَمْتَ عَلَيْهِمْۙ غَيْرِ الْمَغْضُوبِ عَلَيْهِمْ وَلَا الضَّٓالّ۪ينَ ﴿٧﴾

1. *bi-smillâhir-rahmâni r-rahîm*[i]
2. *el-hamdu li-llâhi rabbi l-'âlemîn*[a]
3. *er-rahmâni r-rahîm*[i]
4. *mâliki yewmi d-dîn*[i]
5. *iyyâke na'budu we-iyyâke neste'în*[u]
6. *ihdinâ s-sirâta l-mustaqîm*[a]
7. *sirâtallezîne en'amte 'aleyhim ghayri l-maghdûbi 'aleyhim we-lâ d-dâllîn*[a]

Bedeutung:
(1.) Im Namen Allahs, des Erbarmers, des Barmherzigen. (2.) Alles Lob sei Allah, dem Herrn der Welten. (3.) Dem Erbarmer und Barmherzigen. (4.) Dem Herrscher am Tage des Jüngsten Gerichts. (5.)

31 Wichtig: Um dem Leser das Auswendiglernen zu erleichtern, wurden die Suren und Bittgebete auch in Umschrift wiedergegeben. Dies dient jedoch nur zur Unterstützung. Hierfür muss der Leser sich die Suren und Bittgebete unbedingt von einem Koranlehrer anhören, der die Aussprache richtig beherrscht. Sie können mit Hilfe des QR-Codes die Suren sich anhören. Die Suren und Bittgebete im Ritualgebet falsch zu rezitieren, so dass der Sinn entstellt wird, stellt die Gültigkeit des Ritualgebets in Frage. Daher muss unbedingt darauf geachtet werden, die Suren und Bittgebete mit ihrer richtigen Aussprache zu lernen.

Nur Dir dienen wir und nur Dich bitten wir um Hilfe. (6.) Leite uns auf den geraden Weg. (7.) Den Weg derer, denen Du gnädig warst und nicht derjenigen, die deinen Zorn erweckten und nicht den Weg der Irregehenden.

105. Sure - Fîl (Das Elefant)

بِسْمِ اللّٰهِ الرَّحْمٰنِ الرَّح۪يمِ
اَلَمْ تَرَ كَيْفَ فَعَلَ رَبُّكَ بِاَصْحَابِ الْف۪يلِ ﴿١﴾ اَلَمْ يَجْعَلْ كَيْدَهُمْ ف۪ي تَضْل۪يلٍ
﴿٢﴾ وَاَرْسَلَ عَلَيْهِمْ طَيْراً اَبَاب۪يلَ ﴿٣﴾ تَرْم۪يهِمْ بِحِجَارَةٍ مِنْ سِجّ۪يلٍ ﴿٤﴾ فَجَعَلَهُمْ
كَعَصْفٍ مَأْكُولٍ ﴿٥﴾

bi-smillâhir-rahmânir-rahîm[i]

1. *elem terâ keyfe fe'ale rabbuke bi-ashâbi l-fîl[i]*
2. *elem yedsch'al keydehum fî tadlîl[iw]*
3. *we-arsele 'aleyhim tayran ebâbîl[a]*
4. *termîhim bi-hidschâratim min siddschîl[in]*
5. *fe-dsche'alehum ke-'asfim me'kûl[in]*

Bedeutung:
(1.) Hast du denn nicht gesehen, was dein Herr dem Heer mit den Elefanten machte? (2.) Hat Er denn ihren Plan nicht vereitelt (3.) und ihnen Vogelscharen geschickt, (4.) die sie mit Steinen aus gebranntem Ton bewarfen, (5.) sodass Er sie dastehen ließ wie abgefressene Getreidehalme?

106. Sure - Qureysch (Der Stamm Quraysch)

بِسْمِ اللّٰهِ الرَّحْمٰنِ الرَّح۪يمِ
لِاِيلَافِ قُرَيْشٍ ﴿١﴾ ا۪يلَافِهِمْ رِحْلَةَ الشِّتَٓاءِ وَالصَّيْفِ ﴿٢﴾ فَلْيَعْبُدُوا رَبَّ هٰذَا
الْبَيْتِ ﴿٣﴾ اَلَّذ۪ٓي اَطْعَمَهُمْ مِنْ جُوعٍ وَاٰمَنَهُمْ مِنْ خَوْفٍ ﴿٤﴾

bi-smillâhir-rahmânir-rahîm[i]

1. *li-îlâfi quraysch[in]*
2. *îlâfihim rihlete sch-schitâ'i we-s-sayf[i]*

3. *fe-l-ya'budû rabbe hâzâ l-beyt*[i]
4. *ellezî at'amehum min dschû'iw we-âmenehum min chawf*[in]

Bedeutung:

(1-2.) Dem Stamm der Kuraysch und seinen Winter- und Sommerreisen hat Allah Sicherheit gewährt. (3.) Und so sollen die Mitglieder des Stammes Kuraysch dem Herrn dieses Hauses, der Kaaba, dienen, (4.) Der ihren Hunger stillte und ihnen Schutz vor ihren Ängsten gab.

107. Sure - Mâ'ûn (Die Hilfeleistung)

بِسْمِ اللّٰهِ الرَّحْمٰنِ الرَّح۪يمِ

اَرَاَيْتَ الَّذ۪ى يُكَذِّبُ بِالدّ۪ينِۜ ﴿١﴾ فَذٰلِكَ الَّذ۪ى يَدُعُّ الْيَت۪يمَۙ ﴿٢﴾ وَلَا يَحُضُّ عَلٰى
طَعَامِ الْمِسْك۪ينِۜ ﴿٣﴾ فَوَيْلٌ لِلْمُصَلّ۪ينَۙ ﴿٤﴾ اَلَّذ۪ينَ هُمْ عَنْ صَلَاتِهِمْ سَاهُونَۙ ﴿٥﴾
اَلَّذ۪ينَ هُمْ يُرَٓاؤُ۫نَۙ ﴿٦﴾ وَيَمْنَعُونَ الْمَاعُونَ ﴿٧﴾

bi-smillâhir-rahmânir-rahîm[i]

1. *e-ra`eyte llezî yukezzibu bi-d-dîn*[i]
2. *fe-zâlike llezî yedu''u l-yetîm*[a]
3. *we-lâ yahuddu 'alâ ta'âmi l-miskîn*[i]
4. *fe-weylul li-l-musallîn*[a]
5. *ellezîna hum 'an salâtihim sâhûn*[a]
6. *ellezîna hum yurâ`ûn*[a]
7. *we-yemne'ûna l-mâ'ûn*[a]

Bedeutung:

(1.) Hast du denjenigen gesehen, der das Jüngste Gericht leugnet? (2.) Er ist derjenige, der die Waisen wegstößt (3.) und nicht gar dazu ermutigt, die Bedürftigen zu speisen. (4.) Wehe denjenigen, die das Gebet verrichten, (5.) bei ihrem Gebet aber nur halbherzig bei der Sache sind, (6.) die dabei nur gesehen werden wollen (7.) und jedwede gute Tat verweigern.

108. Sure - Kewser (Die Überfülle)

بِسْمِ اللّٰهِ الرَّحْمٰنِ الرَّح۪يمِ
اِنَّٓا اَعْطَيْنَاكَ الْكَوْثَرَۜ ﴿١﴾ فَصَلِّ لِرَبِّكَ وَانْحَرْۜ ﴿٢﴾ اِنَّ شَانِئَكَ هُوَ الْاَبْتَرُ ﴿٣﴾

bi-smillâhir-rahmânir-rahîm[i]

1. *innâ a'taynâke l-kewser*[a]
2. *fe-salli li-rabbike wenhar*
3. *innâ schâni`eke huwe l-ebter*[u]

Bedeutung:
(1.) Wahrlich, wir haben Dir Gutes in Überfülle (Kewser) gegeben. (2.) So bete zu deinem Herrn und bringe Tieropfer dar! (3.) Vielmehr sind diejenigen, die dich hassen, fern von allem Guten und besonders von Nachkommenschaft.

109. Sure - Kâfirûn (Die Ungläubigen)

بِسْمِ اللّٰهِ الرَّحْمٰنِ الرَّح۪يمِ
قُلْ يَٓا اَيُّهَا الْكَافِرُونَۙ ﴿١﴾ لَٓا اَعْبُدُ مَا تَعْبُدُونَۙ ﴿٢﴾ وَلَٓا اَنْتُمْ عَابِدُونَ مَٓا اَعْبُدُۚ ﴿٣﴾
وَلَٓا اَنَا۬ عَابِدٌ مَا عَبَدْتُمْۙ ﴿٤﴾ وَلَٓا اَنْتُمْ عَابِدُونَ مَٓا اَعْبُدُۜ ﴿٥﴾ لَكُمْ د۪ينُكُمْ وَلِيَ د۪ينِ
﴿٦﴾

bi-smillâhir-rahmânir-rahîm[i]

1. *qul yâ eyyuhâ l-kâfirûn*[a]
2. *lâ a'budu mâ ta'budûn*[a]
3. *we-lâ entum 'âbidûne mâ a'bud*[u]
4. *we-lâ ene 'âbidum mâ 'abedtum*
5. *we-lâ entum 'âbidûne mâ a'bud*[u]
6. *lekum dînukum we-liye dîn*[i]

Bedeutung:
(1.) Sprich: „Nicht-Gläubige! (2.) Ich diene nicht dem, was ihr dient. (3.) Und ihr werdet nicht die Diener von dem werden, dem

ich diene. (4.) Und ich bin kein Diener von dem, was ihr dient. (5.) Und ihr werdet nicht die Diener von dem werden, dem ich diene. (6.) Euch eure Religion und mir meine Religion.“

110. Sure - Nasr (Der Beistand)

بِسْمِ اللّٰهِ الرَّحْمٰنِ الرَّح۪يمِ
اِذَا جَٓاءَ نَصْرُ اللّٰهِ وَالْفَتْحُۙ ﴿١﴾ وَرَاَيْتَ النَّاسَ يَدْخُلُونَ ف۪ى د۪ينِ اللّٰهِ اَفْوَاجًاۙ ﴿٢﴾
فَسَبِّحْ بِحَمْدِ رَبِّكَ وَاسْتَغْفِرْهُۜ اِنَّهُ كَانَ تَوَّابًا ﴿٣﴾

bi-smillâhir-rahmânir-rahîm^{i}
1. *izâ dschâ`e nasrullâhi we-l-feth*^{u}
2. *we-ra`eyten-nâse yedchulûne fî dînillâhi efwâdschâ*^{n}
3. *fe-sebbih bi-hamdi rabbike we-staghfirhu. Innehû kâne tewwâbâ*^{n}

Bedeutung:
(1.) Wenn Allahs Beistand kommt und der Sieg, (2.) und du die Menschen scharenweise in Allahs Religion eintreten siehst. (3.) So lobpreise deinen Herrn dankend und bitte Ihn um Vergebung. Denn Er ist es, der die Reue annimmt.

111. Sure - Tebbet/el-Mesed (Die Palmfaser)

بِسْمِ اللّٰهِ الرَّحْمٰنِ الرَّح۪يمِ
تَبَّتْ يَدَٓا اَب۪ى لَهَبٍ وَتَبَّۜ ﴿١﴾ مَٓا اَغْنٰى عَنْهُ مَالُهُ وَمَا كَسَبَۜ ﴿٢﴾ سَيَصْلٰى نَارًا
ذَاتَ لَهَبٍۚ ﴿٣﴾ وَامْرَاَتُهُۜ حَمَّالَةَ الْحَطَبِۚ ﴿٤﴾ ف۪ىج۪يدِهَا حَبْلٌ مِنْ مَسَدٍ ﴿٥﴾

bi-smillâhir-rahmânir-rahîm^{i}
1. *tebbet yedâ ebî lehebin we-tebb*^{e}
2. *mâ aghnâ ´anhu mâluhû we-mâ keseb*^{e}
3. *se-yaslâ nâran zâte leheb*^{iw}
4. *we-mra`etuhû hammâlete l-hatab*^{i}

5. *fî dschîdihâ hablum min mesed^{in}*

Bedeutung:
(1.) Verderben sollen die Hände von Abu Leheb; und er selbst auch. (2.) Sein Besitz hat ihm nicht geholfen und auch nicht das, was er erworben hat. (3.) Er wird ins lodernde Feuer kommen, (4.) und auch seine Frau; als Brennholzträgerin (5.) mit einem Strick aus Palmfasern um ihren Hals.

112. Sure - Ichlâs (Die Aufrichtigkeit)

بِسْمِ اللّٰهِ الرَّحْمٰنِ الرَّح۪يمِ

قُلْ هُوَ اللّٰهُ اَحَدٌۚ ﴿١﴾ اَللّٰهُ الصَّمَدُۚ ﴿٢﴾ لَمْ يَلِدْ وَلَمْ يُولَدْۙ ﴿٣﴾ وَلَمْ يَكُنْ لَهُ كُفُوًا اَحَدٌ ﴿٤﴾

bi-smillâhir-rahmânir-rahîm^{i}

1. *qul huwallâhu ehad^{un-i}*
2. *Allâhu s-samed^{u}*
3. *lem yelid we-lem yûled*
4. *we-lem yekul lehû kufuwen ehad^{un}*

Bedeutung:
(1.) Sprich: „Er ist Allah, der Einzige. (2.) Allah ist der Absolute, von dem alles abhängt. (3.) Er zeugte nicht und wurde nicht gezeugt. (4.) Und Ihm gleicht niemand."

113. Sure - Falaq (Der Tagesanbruch)

بِسْمِ اللّٰهِ الرَّحْمٰنِ الرَّح۪يمِ

قُلْ اَعُوذُ بِرَبِّ الْفَلَقِۙ ﴿١﴾ مِنْ شَرِّ مَا خَلَقَۙ ﴿٢﴾ وَمِنْ شَرِّ غَاسِقٍ اِذَا وَقَبَۙ ﴿٣﴾ وَمِنْ شَرِّ النَّفَّاثَاتِ فِي الْعُقَدِۙ ﴿٤﴾ وَمِنْ شَرِّ حَاسِدٍ اِذَا حَسَدَ ﴿٥﴾

bi-smillâhir-rahmânir-rahîm^{i}

1. *qul e'ûzu bi-rabbil-felaq^{i}*
2. *min scherri mâ chalaq^{a}*
3. *wa-min scherri ghâsiqin izâ weqab^{a}*

4. *we-min scherri n-neffâsâti fî l-'uqad*[i]
5. *we-min šerri hâsidin izâ hased*[a]

Bedeutung:

(1.) Sprich: „Ich suche Zuflucht beim Herrn des Tagesanbruchs. (2.) Vor dem Übel, das von seinen Geschöpfen ausgeht. (3.) Und vor dem Übel der Finsternis, wenn sie hereinbricht. (4.) Vor dem Übel der in die Knoten Pustenden. (5.) Und vor dem Übel des Neiders, wenn er neidet.“

114. Sure - Nâs (Die Menschen)

بِسْمِ اللّٰهِ الرَّحْمٰنِ الرَّح۪يمِ

قُلْ اَعُوذُ بِرَبِّ النَّاسِۙ ﴿١﴾ مَلِكِ النَّاسِۙ ﴿٢﴾ اِلٰهِ النَّاسِۙ ﴿٣﴾ مِنْ شَرِّ الْوَسْوَاسِ
الْخَنَّاسِۙ ﴿٤﴾ اَلَّذ۪ي يُوَسْوِسُ ف۪ي صُدُورِ النَّاسِۙ ﴿٥﴾ مِنَ الْجِنَّةِ وَالنَّاسِ ﴿٦﴾

bi-smillâhir-rahmânir-rahîm[i]

1. *qul e'ûzu bi-rabbi n-nâs*[i]
2. *meliki n-nâs*[i]
3. *ilâhi n-nâs*[i]
4. *min scherri l-weswâsi l-channâs*[i]
5. *ellezî yuweswisu fî sudûri n-nâs*[i]
6. *mine l-dschinneti we-n-nâs*[i]

Bedeutung:

(1.) Sprich: „Ich suche Zuflucht bei dem Herrn der Menschen, (2.) dem Herrscher über die Menschen, (3.) dem Gott der Menschen; (4.) Zuflucht vor dem Übel des hinterhältigen Einflüsterers, (5.) der in die Herzen der Menschen einflüstert. (6.) Sei dieser von den Dschinn oder den Menschen.“

ALLAH
hat mich
und alles andere
erschaffen
ditibverlag
neu
4,90 €
inkl. MwSt.
ALLAH
hat mich
und alles andere
erschaffen
ditibverlag
Auszug aus dem Buch:
„Meine Liebe! Du brauchst nicht besorgt zu sein,
denn Allah ist immer bei uns.
Wenn Er immer da ist, wie können wir dann allein sein?"
„Ist Allah immer bei uns? Oder nur dann,
wenn wir ein Bittgebet sprechen?"
„Natürlich ist Er immer bei uns, mein liebes Kindl
Er sieht uns, Er hört uns. Er weiß, was in unseren
Herzen vorgeht. Er sieht sogar die schwarze Ameise
auf einem schwarzen Stein."

ditibverlag
KUR'AN öğreniyorum (Türkçe - Almanca)
Ich lerne den KORAN lesen (Türkisch - Deutsch)
yeni neu
3,50 €
KDV dahil
www.zsu-shop.de
KUR'AN öğreniyorum
Ich lerne den KORAN lesen
İçindekiler / Inhalt
• Elifba
Elifba
• Kısa Sureler
Kurze Suren
• Namaz duaları ve tesbihatı
Bittgebete und Tesbihat für das Ritualgebet
• 32 Farz
32 Hauptpflichten
DITIB-ZSU GmbH Kitabevleri
Köln (Merkez) Subbelrather Str. 17 50823 Köln Tel: 0221-992 22 6 - 0 Faks: 0221-992 22 639
Berlin Columbiadamm 128 10965 Berlin Tel: 030-69817238 Faks: 030-69507718
Frankfurt Münchener Str. 21 60329 Frankfurt a.M. Tel: 069-24248708 Faks: 069-24248707
Münih Schanzenbachstr. 1 81371 München Tel: 089-72018415 Faks: 089-72018416
Münster Bremer Platz 48 - 52 48155 Münster Tel: 0251-3971814 Faks: 0251-3971815
Stuttgart Mauser Str. 19 70469 Stuttgart Tel: 0711-8569955 Faks: 0711-8569934
Sipariş Adresi / Bestelladresse
DITIB-ZSU GmbH Kitabevi | Subbelrather Str.17, 50823 Köln | Telefon: 0221-99222616 | E-Mail: info@zsu-gmbh.eu